ISBN 978-3-945543-12-2

Texte Claudia Lanfranconi
Redaktion Sabrina Kiefer, Eva Römer
Gestaltung Kuni Taguchi
Herstellung Jan Russok, Karin Mayer, Peter Karg-Cordes
Lithografie Christine Rühmer
Druck und Bindung L.E.G.O., Vicenza

Besuchen Sie uns im Internet unter www.esverlag.de

CLAUDIA LANFRANCONI

Legendäre Gastgeberinnen
und ihre unvergesslichen Feste

Elsa Maxwell, Lee Miller,
Frida Kahlo, Luisa Casati,
Jacqueline Kennedy u. v. a.

ELISABETH
SANDMANN

INHALT

LEGENDÄRE GASTGEBERINNEN UND IHRE UNVERGESSLICHEN FESTE

Von Frauen, die wussten, wie man tolle Partys feiert

Leben bedeutet Feste feiern! In der christlich-westlichen Kultur beginnt der Partymarathon meist mit der Taufe und endet, bedauerlicherweise in Abwesenheit des Ehrengastes, mit dem Leichenschmaus. Dazwischen liegen Geburtstage, Verlobungen, Hochzeiten, Einweihungsfeiern, Grillfeste und Tanzpartys. Selbst zerstrittene Familienmitglieder kommen an den Weihnachtstagen zusammen, um gemeinsam bei Kerzenschein zu speisen. Einladungen sind höchst willkommene Unterbrechungen unseres Alltags – auch wenn die Schwiegermutter kocht. Wenn man es soziologisch formulieren möchte, sind Feste gemeinschaftsstiftend und gemeinschaftserhaltend. Alle Kulturen haben eine Festkultur entwickelt. Zu den ältesten Festen der Menschheitsgeschichte gehört das Erntedankfest, das unabhängig von religiösen Vorstellungen begangen wurde. Bringen wir es mit den Worten der legendären amerikanischen Gastgeberin Elsa Maxwell auf den Punkt: »Das Feiern begann, sehen wir den Tatsachen ins Auge, im Garten Eden, als Eva die allererste Party mit nur einem Apfel schmiss!«

Niemand blickt auf sein Leben zurück und erinnert sich an die Nächte, in denen er geschlafen hat. Feste sind besondere Ereignisse, auf die wir uns freuen, weil sie unvorhergesehene Begegnungen, interessante Unterhaltungen, kulinarische Genüsse, Tanz und Musik und das wunderbare Gefühl vermitteln, für ein paar Stunden rundum sorglos zu sein. Denn um das Wohl der Gäste, um Drinks, Speisen, ein schönes Ambiente, Musik und interessante Gesprächspartner kümmert sich – im besten Falle – die Gastgeberin! Wir sprechen hier nicht von jenen Damen, die das Ausrichten einer Party mit Folter vergleichen, weil sie sich vor Bergen von schmutzigem Geschirr in der Küche fürchten. In den folgenden vier Kapiteln dieses Buches geht es um jene legendären Gastgeberinnen, die sich in den letzten 150 Jahren mit ihren Salongesellschaften, Abendessen, Cocktailpartys und Bällen einen festen Platz in der Geschichte der Festkultur eroberten, da für sie das Feiern mit Freunden zu einem glücklichen und erfüllten Leben gehörte. »Entertaining Is Fun!« – Einladen macht Freude! – betitelte die amerikanische Interior Designerin Dorothy Draper Anfang der vierziger Jahre des 20. Jahrhunderts ihr Ratgeberbuch, in dem sie verrät, was eine erfolgreiche Gastgeberin ausmacht. »Ich liebe es, Partys zu

S. 6: Nimm du den Pokal! Goldene Zeiten für Partylöwen wie Salvador Dalí, Brigitte Bardot und Gunter Sachs auf einem Kostümfest im November 1967.

geben«, lautete auch das Credo von Elsa Maxwell, die als professionelle Eventmanagerin für die High Society rund 2000 Partys und 8000 Abendessen ausrichtete und ihre reichen Erfahrungen in dem Buch »How to Do It – or The Lively Art of Entertaining« bündelte. In ihrer Prämisse sind sich beide Autorinnen einig: Eine gute Gastgeberin weiß um ihre Talente und welche Art von Party zu ihr passt – sei es ein einfaches Picknick oder ein pompöses Gala-Dinner. Man brauche weder viel Geld, noch ein großes Haus mit Personal, räumt Draper alle Einwände der Partymuffel aus dem Feld. Gefragt seien lediglich Originalität und die Lust, sich zu amüsieren.

Die Einteilung unseres Buches folgt kulturhistorischen Kriterien. Berühmte Salonièren wie Berta Zuckerkandl und Gertrude Stein eröffnen den Reigen der geselligen Damen. In ihren Wohnzimmern trafen sich regelmäßig zum Jour fixe Literaten, Musiker, Künstler und Politiker in einer ungezwungener Atmosphäre, um eine gebildete Konversation zu führen – die Verköstigung war Nebensache! Die höchst gebildeten Gastgeberinnen dirigierten die Unterhaltung, beflügelten neue Ideen, nahmen Einfluss auf kulturelle Projekte oder unterstützten wie Marie-Laure de Noailles die künstlerische Avantgarde. Die kreative Elite des 20. Jahrhunderts findet sich unter den Gästen im ersten Kapitel von Hugo von Hofmannsthal über Max Reinhardt, Ernest Hemingway, Gustav Mahler, Cole Porter, Picasso und Braque bis hin zu Salvador Dalí. Die Extravaganten in Kapitel 2 konzipierten ihre Festivitäten dagegen wie Gesamtkunstwerke: Inneneinrichtung, Dekoration, Blumenschmuck, Beleuchtung, Einladungskarten, das Menü, die Musik und die Kostüme – alles wurde stilistisch aufeinander abgestimmt, um eine vollendete ästhetische Harmonie zu erzielen. Marchesa Luisa Casati, zu ihrer Zeit die reichste Frau Italiens, ließ sogar die Haut ihrer Diener mit Blattgold überziehen, wenn es das Motto des Festes erforderte. Magnetisch angezogen fühlten sich von diesem morbiden Luxus Lebemänner wie Gabriele D'Annunzio und Sir Compton Mackenzie. Den Kreativen im dritten Kapitel ist hingegen gemein, dass sie den ihnen eigenen künstlerischen Stil gezielt in ihrer Rolle als Gastgeberin zum Ausdruck brachten. Die surrealistische Fotografin Lee Miller wurde zur Erfinderin des kulinarischen Surrealismus, Schauspielerin Lady Diana Cooper inszenierte ihre Feste wie kleine Theaterstücke, und Dorothy Draper gestaltete die Tischdekorationen mithilfe der Farbschemata, die sie auch für die Gestaltung von Innenräumen wählte. Zur Eröffnungsparty des von ihr renovierten Hotels Greenbrier erschienen die reichsten Familien Amerikas von den Astors bis zu den Vanderbilts.

Die Damen des 4. Kapitels gelten als Stil-Ikonen ihrer Zeit. Jackie Kennedys Kleidungsstil avancierte zum Modediktat der sechziger Jahre. Florine Stettheimer war mit ihrer Vorliebe für weiße Zimmer ihrer Zeit voraus, während Manni Wittgenstein ihre internationale Gästeschar mit österreichischer Folklore nach Fuschl lockte.

Halt! – werden nun die Herren der Schöpfung schimpfen. Was ist mit den Gastgebern? Sie sollen an dieser Stellte nicht unter den Tisch fallen, aber ihre größten Verdienste in der Geschichte der Festkultur liegen einfach sehr lange zurück! In der griechischen

Antike war Feiern Männersache. Nach dem Abendessen trafen sich die führenden Häupter der Gesellschaft, um zu entspannen und Kontakte zu pflegen, zum Symposium, einem Trinkgelage. Im Liegen becherten die Herren literweise mit Wasser verdünnten Wein und diskutierten über hochgeistige Themen wie das Wesen der Liebe, wie uns Platon überliefert hat. Frauen waren nur zugelassen, um zu singen, zu tanzen oder die männliche Gästeschar auf andere Art und Weise zu erfreuen. Frauen im alten Griechenland hatten keinen gesellschaftlichen Einfluss, und das spiegelte sich auch in der Festkultur. Zwar eroberten sie sich bei den Römern ihren Platz an der festlich gedeckten Tafel des Conviviums, als großartige Gastgeber gingen jedoch vor allem Konsuln und Heeresführer in die Geschichte ein: an erster Stelle der sinnenfreudige Lucullus, der in den Gärten seiner Villen Kirschen anbaute, Wildschweine hielt und seine Gäste mit exotischen Leckerbissen aus allen Teilen des Römischen Reiches verwöhnte.

Durch die Jahrhunderte wurden Rezepte und Tischsitten stetig verfeinert – zugegeben –, meist von Männern. Liest man das Kochbuch des Cristoforo da Messisbugo, der zu Anfang des 16. Jahrhunderts als Mundschenk der Herrscherfamilie Este alle großen Feste in Ferrara koordinierte, läuft einem das Wasser im Munde zusammen. 1529 wurden anlässlich der Hochzeit von Ercole II. mit der Königstochter Renée von Frankreich zahlreiche Gänge serviert, die ihrerseits aus mindestens fünf diversen Gerichten bestanden, dazu wurde eine Komödie von Ariost aufgeführt. Der französische Staatsmann de Talleyrand, Napoleon, der britische König Georg IV. und Zar Alexander I. profitierten bei ihren Staatsbanketten von der unglaublichen Kochkunst des Patissiers Antonin Carême, der aus Teig, Zucker und Marzipan fantastische Architekturminiaturen als Tischdekorationen schuf. »Überrasche deine Gäste!«, lautete viel später der gute Rat der hier schon oft zitierten Partyqueen Elsa Maxwell. Blickt man zurück in die Annalen, wird deutlich: Fantastische Tischdekorationen, besondere Speisen, Aufführungen oder Spiele führten schon immer zum Ziel, die Gäste zu amüsieren.

Erst im 19. und 20. Jahrhundert liefen die Damen des aufstrebenden Bürgertums den Herren den Rang ab. Rezeptbücher und Ratgeber wurden nun häufig von Frauen verfasst und richteten sich zunehmend an ein weibliches Publikum. Mit ihrem »Book of Household Management« gewährt uns Isabella Beeton charmante Einblicke in die Haushaltsführung der Viktorianischen Zeit und ihren ländlichen Lebensstil. »Erlegen Sie erst den Hasen …!« – dann folgt die Anleitung zur Zubereitung. Von der Ankunft der Gäste, über die gedruckte Einladung, die Sitzordnung, Menüfolge, den Wein und die geeignete Konversation bei Dinner beschrieben Autorinnen wie Winnifred Shaw Fales in ihrem »Party Book« höchst akribisch und ernsthaft die Benimmregeln für Gastgeberinnen. Die eher praktisch veranlagte Amerikanerin Josephine M. Cochrane entwickelte ab 1883 mithilfe eines Mechanikers aus Ärger über ihr Personal, das beim Abwasch ständig ihr Geschirr zerschmiss, die erste Geschirrspülmaschine – eine Erfindung, für die ihr jede Gastgeberin von heute noch aus vollstem Herzen dankbar sein wird!

Den legendären Gastgeberinnen, deren Feste und kulturelle Verdienste in diesem Buch beschrieben werden, lag die Etikette fern. »Hören Sie auf, darüber nachzudenken, was korrekt oder nicht korrekt ist«, riet Dorothy Draper ihren Leserinnen, »eine fröhliche Gastgeberin ist eine erfolgreiche Gastgeberin.« Spiele gehörten zu den beliebtesten Mitteln, auf einer Party Stimmung zu verbreiten. In den Roaring Twenties feierten alle wie besessen Kostümfeste und Mottopartys zu Livemusik. Elsa Maxwell schwor auf Federpusten, um eine Gesellschaft ernsthafter Politiker zu entfesseln. Pingpong-Matches und Hula-Hoop-Reifen auf den Hüften gehörten Ende der fünfziger Jahre in der neuen Bundesrepublik zu jedem Fest dazu. Nicht immer boten die Ereignisse der Geschichte die besten Bedingungen, um

S. 10/11: Sommer in Versailles. Gäste auf einer Gartenparty von Elsie de Wolfe, 1939.

Feste zu feiern. Die Prohibition in Amerika zwischen 1919 und 1933 machte diejenigen, die nicht auf ihren Martini verzichten wollten, erfinderisch. So betrieb die Illustratorin Neysa McMein eine Destille zum Schnapsbrennen in ihrem Badezimmer. Während der beiden Weltkriege standen bei allen hier vorgestellten Damen menschliche Schicksale im Vordergrund. Viele engagierten sich in Hilfsorganisationen, wie Gertrude Stein, Alice B. Toklas, Elsie de Wolfe und Diana Cooper, und stellten ihre Häuser verwundeten Soldaten zur Verfügung. Doch trotz des großen Leids und eklatanten Lebensmittelmangels wurden Feste und gesellige Zusammenkünfte nie ganz aufgegeben. Gertrude Stein bot ihren Gästen Gemüse aus ihrem Garten im französischen Bilignin an oder einfach nur eine Tasse Tee. Man teilte, was man hatte. In Amerika etablierten sich nach dem Zweiten Weltkrieg, als Zucker, Fleisch, Fett und Milchprodukte rationiert wurden, die »Progressive Dinners«, bei denen jeder Gang in einem anderen Haushalt zubereitet und gegessen wurde.

Eine gute Gastgeberin zu sein ist keine Frage der Herkunft und auch nicht abhängig vom Budget, betonte Elsa Maxwell, die als Klavierspielerin in einem Stummfilmkino in New York begann, bevor sie großartige Feste für die High Society organisierte. Aber wie wird man eine legendäre Gastgeberin? Was alle Frauen, die in diesem Buch versammelt sind, miteinander verbindet, ist die Tatsache, dass sie besondere Persönlichkeiten sind, die sich den Konventionen ihrer Zeit widersetzten. Jede Einzelne von ihnen könnte den Inhalt eines unterhaltsamen und geistreichen Buches füllen. Als Gastgeberinnen versuchten sie, Netzwerke zu bilden und dadurch Einfluss auf Kunst, Kultur und Gesellschaft auszuüben. Darüber hinaus waren sie in ihren jeweiligen Berufen höchst erfolgreich und erfüllten nicht selten die Rolle einer Trendsetterin. Nur wer lebenslustig ist, kann ein gelungenes Fest feiern. Denn, so formulierte Dorothy Draper plastisch: »Deine Freude ist für deine Gäste so ansteckend wie die Masern [...] Lass dir nicht einreden, dass du, nur weil du verheiratet bist oder über vierzig bist oder dein Mann Sorgen im Beruf hat, keinen Spaß haben darfst. Glücklicherweise sind die Zeiten vorbei, in denen die Gastgeberin sich als Märtyrerin zu erweisen hatte und den langweiligsten und am wenigsten unterhaltsamen Mann aus ihrer Gästeschar zu ihrem Tischherrn machen musste. Heutzutage pickt sie sich einfach den attraktivsten und interessantesten Herrn im Raum heraus [...]« In diesem Sinne lassen Sie sich von den folgenden Porträts legendärer Gastgeberinnen für Ihr Leben und Ihre nächste Party inspirieren!

die Salonièren

»Wir hatten so eine schöne Zeit!«, schwärmt Elsie de Wolfe in ihren Memoiren. Sie führte um 1900 in New York einen Salon, wie man es sich im Idealfall vorstellt. In ihren Räumen drängten sich jeden Sonntag, dem Jour fixe, Intellektuelle, Schauspieler, Politiker und Künstler auf der Durchreise, um sich über kulturelle Themen auszutauschen. Seit der Renaissance nutzten vor allem hochgebildete Frauen und vermögende Adlige diese Form der ungezwungenen Zusammenkünfte, um sich zu entfalten, Einfluss auf Politik und Kultur auszuüben und Literaten und Musikern ein Forum für ihre Werke zu geben. Die Salonière – damals wie heute – hält Hof, dirigiert Gespräche und knüpft Kontakte zwischen Menschen, die sich sonst aufgrund ihrer berufsspezifischen Unterschiede nie begegnet wären. Auf die intellektuellen Leckerbissen in dem von ihrer Persönlichkeit geprägten Ambiente kommt es an, Verköstigung ist Nebensache!

BERTA ZUCKERKANDL

1864 – 1945

»Seit meiner frühesten Jugend war ich gewohnt gewesen, Gäste zu empfangen. Ich tat dies in einer oft unkonventionellen Art, aber man kam gerne und oft in unser Traumhaus.«

Selbst notorische Einzelgänger konnte die Wiener Salonière Berta Zuckerkandl in ihren Salon locken, wie beispielsweise Gustav Mahler, dem eigentlich alle Arten von Gesellschaften verhasst waren. »Ich esse nur Grahambrot und Meraner Äpfel. Empfehle mich«, lautete die mürrische Zusage zu ihrer Einladung zum Abendessen im Jahr 1901, an dem der menschenscheue Komponist und Dirigent mit Alma Schindler, seiner späteren Ehefrau, heftig über ein Ballettstück von Alexander von Zemlinsky streiten und sich in sie verlieben sollte.

Seit 1888 führte Berta Zuckerkandl einen Salon in ihrer Biedermeiervilla in Döbling und pflegte damit das geistige Erbe ihrer jüdischen Eltern, die stets ein offenes Haus für Politiker und Künstler geführt hatten. Ihr Vater Moritz Szeps, Verleger des *Neuen Wiener Tagblatts* und Berater des Kronprinzen Rudolf, hatte rege Kontakte zu französischen Politikern wie Ernest Renan, Léon Gambetta und Georges Clemenceau gepflegt – ihre Mutter Amalie veranstaltete glanzvolle Soireen im Palais Szeps zu Ehren von Schauspielern und Komponisten wie Jacques Offenbach. »Seit meiner frühesten Jugend war ich gewohnt gewesen, Gäste zu empfangen«, erinnerte sich Berta später an ihre Berufung als Gastgeberin, »ich tat dies in einer oft unkonventionellen Art, aber man kam gerne und oft in unser Traumhaus.« Zu den Besuchern in der Nußwaldgasse in Döbling gehörten in den ersten Jahren vor allem die Medizinerfreunde ihres Gatten Emil Zuckerkandl, der zu den hervorragenden Anatomen des Landes zählte und seit 1888 in Wien als Professor lehrte und das Anatomische Institut leitete.

Um die Jahrhundertwende avancierte der Salon von Berta Zuckerkandl, der nach dem Tod ihres Gatten in ihrer Wohnung in der Oppolzergasse beim Burgtheater fortgeführt wurde, zum Treffpunkt der künstlerischen und literarischen Avantgarde Wiens. Mit ihrer kosmopolitischen Offenheit und ihrem

S. 16: Ernsthaft um die Kunst bemüht.
Die österreichische Autorin und Salonière Berta Zuckerkandl in einem Reformkleid, um 1910.

fein ausgebildeten Gespür für innovative Ideen zog Zuckerkandl all jene an, die sich mit ihrem Schaffen gegen das konservative Establishment wandten und neue Wege beschreiten wollten. »Sie war ganz Farbe und Grazie, neu, das Neue stark empfindend«, würdigte die Weimarer Salonière Helene von Nostiz den Charakter ihrer allseits beliebten Zeitgenossin. »Ihr rotes Haar glühte über bunt gestickten Stoffen und Batiks, und ihre dunkelbraunen Augen funkelten von innerem Feuer.« Der »Walzerkönig« Johann Strauss liebte die Gesellschaft von Berta, obwohl er immer behauptete, er käme nur zu ihren wöchentlichen Einladungen wegen der schönen Nussbäume im Garten. Schriftsteller wie Arthur Schnitzler, Peter Altenberg, Felix Salten, Stefan Zweig, Franz Werfel und Jacob Wassermann gaben sich regelmäßig an Sonntagnachmittagen ein Stelldichein und lasen aus ihren Werken. Hugo von Hofmannsthal nutzte die Gesellschaften in Bertas Salon in den zwanziger Jahren, um vor einem ausgewählten Publikum seine Neufassung von Calderóns »Das große Welttheater« vorzutragen. Hermann Bahr, der die Gruppe junger Literaten »Jung-Wien« als Mentor förderte, gehörte zu den Habitués genauso wie der beliebte Schauspieler Alexander Girardi und Kulturphilosoph Egon Friedell.

Glaubt man den Schilderungen von Ludwig Hevesi, so wurden in Berta Zuckerkandls Räumlichkeiten zum ersten Mal die Gründungsgedanken der Wiener Secession formuliert, deren Mitglieder sich 1897 nach dem Vorbild der Münchner Sezessionisten zusammentaten, um für neue Werte in der Kunst einzutreten. »In diesem Kampf war meine Waffe die Feder«, vermerkte Berta Zuckerkandl selbstbewusst in ihrem Tagebuch. In der *Wiener Allgemeinen Zeitung* veröffentlichte sie regelmäßig Beiträge zur Kunst und Kultur in einem sehr subjektiv und leidenschaftlich geprägten Stil und lobte darin die Verdienste von Gustav Klimt und seinen Künstlerkollegen Josef Hoffmann und Koloman Moser, die sich zu Beginn des 20. Jahrhunderts mit ihren dekorativen und erotischen Motiven erst noch ihren Platz in der Kunstgeschichte erobern mussten. Besonders hingerissen zeigte sie sich von dem Losungswort der Secession »Der Zeit ihre Kunst, der Kunst ihre Freiheit«, das über dem Giebel des von Joseph Maria Olbrich entworfenen neuen Ausstellungsgebäudes der Secession in der Nähe des Naschmarktes prangte. Hier machten die Sezessionisten dem Wiener Publikum nicht nur eigene Werke, sondern auch die Werke französischer Impressionisten zugänglich.

»Auf meinem Diwan wird Österreich lebendig.«

Ein besonderes Anliegen war Berta Zuckerkandl der kulturelle Austausch zwischen Frankreich und Österreich, vor allem, seit ihre Schwester Sophie Paul Clemenceau, den Bruder des französischen Ministerpräsidenten Georges Clemenceau, geheiratet hatte. »Wie sollte es mir genügen, nach all diesen neuen künstlerischen Eindrücken, die ich in Paris gewonnen hatte, das Leben einer Genießerin, einer Zuschauerin zu führen?«, schrieb sie in ihrem Tagebuch. Im Salon ihrer Schwester hatte sie zahlreiche bedeutende Autoren und Künstler getroffen, die sie mit ihrem Heimatland Österreich vertraut machte. »Als Rodin im Jahre 1902 nach Wien kam, um die wunderbare der Plastik gewidmete Secessionsausstellung zu besuchen, führte ich ihn zu Klimt«, den dieser als »Ebenbürtigen« erkannte, erinnerte sich Berta Zuckerkandl an den Besuch des Bildhauers. Nach dem Ersten Weltkrieg übersetzte sie, teilweise im Auftrag von Max Reinhardt, dem Leiter des Burgtheaters, mehrere Theaterstücke aus dem Französischen von Marcel Achard, Jean Anouilh, Jacques Bousquet und Paul Géraldy ins Deutsche. Mit großem Engagement unterstützte sie auch die Protagonisten der Wiener Werkstätte, die 1903 ins Leben gerufen worden war, um die Erneuerung des Kunstgewerbes voranzutreiben. Josef Hoffmann, Mitbegründer der Produktionsgemeinschaft von Künstlern und Handwerkern, hatte ihr gesamtes Mobiliar entworfen, und auch ihr riesengroßer Diwan, auf dem mehr als zehn Leute Platz fanden, stammte aus der Wiener Werkstätte. »Diese Diwanecke ist ein Hauptbestandteil meines geselligen Lebens«, würdigte die Hofrätin einmal ihr Lieblingsmöbel, »[...] auf meinem Diwan wird Österreich lebendig.«

Als leidenschaftliche Patriotin mit besten Beziehungen nach Frankreich setzte sich Berta Zuckerkandl während des Ersten Weltkrieges vehement, aber leider erfolglos, für einen Separatfrieden ein. Unter dem Vorwand, einen Spezialisten wegen ihrer Schilddrüsenerkrankung aufsuchen zu wollen, war sie 1917 in die Schweiz gereist und verfolgte von einem Hotelzimmer in Genf aus ihre diplomatischen Bemühungen. Mithilfe ihrer Schwester verschickte sie Briefe und Telegramme nach Paris und Wien und wurde für kurze Zeit zum Dreh- und Angelpunkt bei der Anbahnung von Friedensverhandlungen zwischen dem Premierminister der Dritten Französischen Republik, Paul Painlevé, und dem k.u.k.-Minister des Äußeren, Ottokar Czernin, die jedoch scheiterten.

Nach dem Frieden von Versailles gehörte Berta Zuckerkandls Salon zu den wenigen in der Hauptstadt, in denen sich die Gesellschaft wieder traf. Politiker wie Ignaz Seipel und Julius Tandler kamen zu ihr in die Oppolzergasse. Und als Hugo von Hofmannsthal ihr seinen Plan mitteilte, Mozart-Festspiele in Salzburg zu gründen und ein Festspielhaus zu errichten, war die Patriotin Feuer und Flamme: »Ein Mozart-Festspielhaus in Salzburg! Ein dem Göttlichsten geweihter Tempel, Sinnbild des unzerstörbaren Österreichertums, Wahrzeichen unverwüstbarer Wesensart, Österreichs religiöses Weihebekenntnis«, schrieb sie in der ersten Festnummer über die Festspiele, die noch heute ein Magnet sind.

Als Hitler 1938 den Anschluss Österreichs erzwang, musste Berta Zuckerkandl fliehen. Von Paris aus emigrierte sie 1940 in letzter Minute nach Algier, wo sie nicht nachließ, in Radiosendungen die Österreicher zum Widerstand gegen die Nationalsozialisten aufzurufen.

ELSIE DE WOLFE

ALIAS LADY MENDL

1865–1950

»Ich bin immer ziemlich eigen, was kleine persönliche Nuancen angeht, in der Unterhaltung ebenso wie in jeder anderen Art des Ausdrucks – die im Guten wie im Schlechten über die Qualität entscheiden.«

Wer Elsie de Wolfe in ihrem Palais Trianon in Versailles besuchte, kam sicher nicht, um sich satt zu essen. Denn die international berühmte Interior Designerin hielt nichts von den Zehn-Gänge-Menüs inklusive zwei Suppen und drei Vorspeisen, mit denen andere Damen der Gesellschaft ihre illustren Gäste zu verköstigen pflegten. Wer zu spät kam, sah sich vor leer gegessenen Tellern, Platten und Schüsseln, die nicht wieder aufgefüllt wurden. Die köstlichen Gerichte, die ein französischer Koch zubereitete, reichten nie für alle. Der Grund, warum Politiker, Künstler, Schauspieler und Monarchen aus der ganzen Welt trotzdem jeder ihrer Einladungen folgten, war die irrwitzige Mischung von Menschen, die man in ihrem exquisit eingerichteten Domizil treffen konnte. »Sie mixt Leute wie einen Cocktail – und das Ergebnis ist einfach genial!«, begeisterte sich die Herzogin von Windsor für ihr Talent, die unterschiedlichsten Menschen zusammenzubringen. Wenn Elsie de Wolfe also aufsprang, um Gäste einander vorzustellen, dann konnten diese sich nie sicher sein, ob sie im nächsten Augenblick dem britischen Premierminister die Hand schütteln würden oder der hübschen, aber unbedeutenden Nichte irgendeines amerikanischen Magazinverlegers, die über die neuesten Modetrends der französischen Hauptstadt einen Artikel schrieb. Alle schätzten das brisante Durcheinander von altem Adel und Emporkömmlingen, das Gastgeberinnen wie Alva Vanderbildt niemals in ihrem Hause geduldet hätten. »Wir hatten so eine schöne Zeit!«, schwärmt Elsie de Wolfe in ihren Memoiren »After All«. »Unsere Sonntagspartys waren unter dem Aspekt international, dass unsere Gäste aus jedem Land der Welt kamen, alle fanden sich ein, um eine gute Zeit zu haben.« Die bereits legendäre Schauspielerin Sarah Bernhardt gehörte häufig mit zu den Gästen; an

S. 20: Elsie de Wolfe beim Relaxen in ihrem Gymnastikoutfit. Auch im Alter von 70 absolvierte sie jeden Morgen ihr straffes Fitnessprogramm, 1935.
S. 23: In Champagnerlaune sind der amerikanische Schauspieler und spätere Politiker John D. Lodge und seine Ehefrau Francesca bei Elsie de Wolfe, 1939.

schönen Sommertagen konnte man den päpstlichen Nuntius mit der Skandalautorin Comtesse de Martel durch den Garten flanieren sehen; der aus Florenz angereiste Kunsthistoriker Bernard Berenson plauderte mit Schauspielerin Maxine Elliott, Maxine Elliott, und in der mit Empiremöbeln und Kunstobjekten bestückten Galerie tummelten sich Hollywoodstars und Schriftsteller, während die übrigen Gäste sich in einem kleineren Salon auf Sofas mit Leopardenfellmustern um die Gastgeberin scharten.

Im Jahr 1907 hatte Elsie de Wolfe den ehemaligen Adelswohnsitz des Duc de Nemours am Rande des grandiosen Schlossparks von Versailles gemeinsam mit ihrer damaligen Freundin Elisabeth Marbury erworben, mit der sie seit 1887 in eheähnlichem Verhältniss zusammenlebte. Die Leidenschaft für das Theater hatte die beiden ungleichen Frauen zusammengeführt. Marbury, Tochter eines angesehenen New Yorker Anwalts, betätigte sich mit großem Erfolg als Theateragentin und avancierte Ende des 19. Jahrhunderts zum ersten weiblichen Impresario der amerikanischen Bühnenszene. Elsie de Wolfe hatte nach dem Tod ihres Vaters eine Karriere als professionelle Schauspielerin begonnen und gründete später ihre eigene Truppe, mit der sie durch Amerika tourte. Kritiker hielten allerdings wenig von dem Talent der zierlichen jungen Frau mit den schwarzen Knopfaugen. »Was halten Sie von Miss de Wolfe?«, frotzelte man. »Oh, ich finde, dass sie in ihrem zweiten Kostüm wundervoll war.« So war es nach jedem Auftritt. Für die Wahl ihrer Kleider bekam sie größeren Applaus als für ihr angestrengtes Schauspiel. Als Aktrice fand man sie farblos, aber mit ihrer Vorliebe für Haute Couture von Paquin, Doucet und Worth hatte sie sich in den achtziger Jahren des 19. Jahrhunderts den Status einer Stilikone erworben und wurde von *Harper's Bazaar* anerkennend zur »*best dressed woman of the American stage*« gekürt.

Auch wenn es um Architektur und Inneneinrichtung ging, bewies Elsie de Wolfe Stil. Mit der Renovierung ihres New Yorker Domizils, eines düsteren Backsteinbaus, schuf sie 1897 ein Gesamtkunstwerk, das in der New Yorker High Society völlig neue Maßstäbe für die Gestaltung von Innenräumen setzte. Durch Reduktion auf leichte Formen und Farben verwandelte Elsie de Wolfe die ehemals mit Reisesouvenirs vollgestopften Räume in heitere Zimmerfluchten im Stile des französischen 18. Jahrhunderts. Sie entfernte die stark gemusterten viktorianischen Tapeten, rollte die in mehreren Lagen übereinanderliegenden Orientteppiche ein und ließ Zimmerpalmen, Wandteller und Nippes verschwinden. Stattdessen ließ sie die Wände des Washington-Irving-Hauses in Beige und Hellgrau streichen, Stühle und Sessel wurden mit hellem Chintz bezogen und die schweren Eichenmöbel durch elegante französische Antiquitäten ersetzt. »Ich öffnete die Türen und Fenster Amerikas und ließ Luft und Sonne hinein«, rühmte sie stolz ihren neuen Look, der nicht nur in Amerika Schule machen sollte.

Jeden Sonntag öffneten Elsie und Bessie ihr Haus für eine internationale Schar von Gästen. Hier traf man die Kunstsammlerin Isabella Stewart Gardner, den Bankier J. P. Morgan, den Historiker Henry Adams, den Broadwaystar Ethel Barrymore und die Operndiven Emma Calvé und Nellie Melba. Theateragentin Bessie führte ihre Schützlinge aus der Li-

teraturszene in die Gesellschaft ein, darunter die Schriftsteller Oscar Wilde und Victorien Sardou, während Elsie sich mit Kunsthändlern und Experten für französische Kunst umgab. Wenn die Sessel und Stühle nicht ausreichten, wurden Hocker hinzugezogen, und wenn der letzte besetzt war, ließ man sich ungezwungen auf den Treppenstufen, auf Fensterbänken und der Brüstung des Springbrunnens nieder, den Elsie de Wolfe im Wohnzimmer aufgestellt hatte. Alle Besucher waren begeistert von den ungezwungenen Zusammenkünften bei Tee, Sandwiches und Punsch und von Elsies innovativem Interior Design. Und da nicht wenige Bekannte sie um Hilfe bei der Neugestaltung der eigenen Räume baten, beschloss sie, das Schauspiel an den Nagel zu hängen und sich als Interior Designerin selbstständig zu machen – ein Beruf, in dem sie großartige Pionierarbeit leistete, denn bis dato ließ man sich von Polsterern, Architekten oder großen Möbelunternehmen wie Herter Brothers beraten.

Durch ihr weitverzweigtes Netzwerk, das sie als Gastgeberin wöchentlich pflegte, bekam Elsie de Wolfe die besten Aufträge im ganzen Land, von der Ostküste bis nach Kalifornien. 1905 sollte sie die

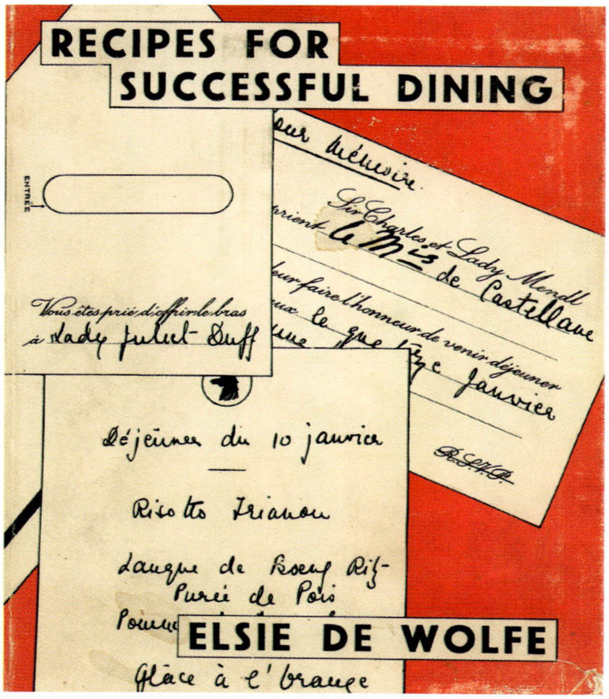

Räumlichkeiten von Amerikas erstem Frauenclub, der auf Betreiben der Millionärsgattinnen Astor, Morgan, Harriman und Whitney gegründet worden war, einrichten. Mit hellen Farben, leichten Stoffen, zierlichen Möbeln und gekachelten Fluren erzielte sie die Wirkung eines eleganten Gartenpavillons. Ein Vermögen verdiente sie, als sie 1915 für Henrik Clay Frick, einen der reichsten Männer Amerikas, tätig wurde. Für jedes Kunstwerk oder Möbelstück, das sie im Sinne des leidenschaftlichen Sammlers für dessen neues Haus an der Fifth Avenue erwarb, erhielt sie eine Provision, so stand es im Vertrag. Bei einer ihrer Einkaufstouren in Paris riet sie Frick vor allem zu den von ihr geliebten französischen Antiquitäten aus dem 18. Jahrhundert, darunter ein Mahagonibett und ein Schreibmöbel mit Intarsien, zwei Eckschränkchen des französischen Ebenisten Martin Carlin sowie ein Schreibtisch von Jean-Henri Riesener – bis sie eine Summe von einigen Millionen Francs ausgegeben hatte. »Plötzlich wurde mir klar, dass ich innerhalb einer knappen halben Stunde zu einer reichen Frau geworden war«, freute sich Elsie de Wolfe, die mittlerweile einen Showroom und ein Büro mit mehreren Angestellten führte. In ihrem 1913 erschienenen Buch »The House in Good Taste« formulierte sie ihre Stilphilosophie und berücksichtigte dabei nicht nur die Bedürfnisse der Superreichen nach Schönheit und Bequemlichkeit: Keine empfindlichen Teppiche im Haus einer leidenschaftlichen Reiterin! Und für Frauen, die gerne ein Mittagsschläfchen hielten, musste unbedingt eine komfortable Couch bereitstehen.

Die Einrichtung der Villa Trianon in Versailles gehörte zu den Paradestücken ihrer Kunst als Dekorateurin. Ausgestattet mit exquisiten französischen Antiquitäten, zahlreichen Spiegeln und feinen Lüstern, feierte sie hier die meisten Feste, über die in der Gesellschaft ausgiebig gesprochen wurde. Zu Ehren des griechischen Kronprinzen gaben de Wolfe und Marbury ein Dinner für 60 Gäste unter freiem Himmel. Der für seinen guten Geschmack und seine Verschwendungssucht legendäre Count Boni de Castellani war bei den Vorbereitungen behilflich gewesen und hatte den Garten mit Rosengirlanden ausgestattet, während Schwäne auf dem beleuchteten Pool elegant ihre Runden drehten. Nach dem Essen gab es ein Harfenkonzert im neu gebauten Musikpavillon. »Ich habe einen Abend im Märchenland

S. 24: Ihre Geheimnisse behielt sie nicht für sich. Das Buchcover der amerikanischen Erstausgabe von Elsie de Wolfes »Recipes for Successful Dining« aus dem Jahr 1934.

verbracht!«, schwärmte der Ehrengast zum Abschied. Selbst während des Ersten Weltkrieges, als Elsie de Wolfe mit viel Engagement als Krankenschwester verwundete Soldaten versorgte, führte sie ein offenes Haus. Die Generäle Bliss, Pershing, Foch, Joffre und selbst der französische Ministerpräsident Georges Clemenceau kamen auf eine Tasse Tee vorbei.

Die legendärsten Partys organisierte Elsie de Wolfe jedoch, nachdem sie – zur größten Überraschung all ihrer Freunde – 1926 den britischen Diplomaten Sir Charles Mendl geheiratet hatte. Zu besonderen Anlässen spielten Cole Porter und Elsa Maxwell Piano. Bis in die Morgenstunden tanzte auch die mittlerweile über sechzigjährige Gastgeberin, die sich mit einer strengen vegetarischen Diät, Yoga und einem morgendlichen Kopfstand fit hielt. Einen Skandal in Diplomatenkreisen löste sie aus, als sie, als Moulin-Rouge-Tänzerin verkleidet, mit Handstand-Überschlag in den Ballsaal hineinfegte.

In den zwanziger und dreißiger Jahren war Elsie de Wolfe in ihrer Rolle als exzentrische Gastgeberin wesentlich berühmter als in ihrem Beruf als Dekorateurin – völlig zu Unrecht. Denn an ihrem großen Esstisch in der Villa Trianon befeuerte sie auch weiterhin ihre Karriere und schloss bedeutende Verträge über neue Interior-Projekte in Europa und Amerika mit Kunden wie dem Magazinverleger Condé Nast, der Herzogin von Windsor und Mrs Leo d'Erlanger.

Insbesondere Hausgäste, die über Nacht blieben, kamen in den Genuss von Elise de Wolfes perfektionistischer Fürsorge. »Wenn wir eine Party zu Hause geben, führen entweder Charles oder ich jeden Gast persönlich zu seinem Zimmer. Wir achten darauf, dass es in jedem Zimmer eine Auswahl an Büchern und Zigaretten gibt, und legen jeden Morgen eine Zeitung auf das Frühstückstablett – und wir überlegen, was der Gast sonst noch im Hinblick auf eine Erfrischung wünschen könnte.« Eine frische Tube Zahncreme und fein duftende Seife lagen außerdem für jeden bereit – eine Geste der Aufmerksamkeit, die sich in der höheren Gesellschaft durch ihre Pionierarbeit etablierte. Ratschläge für die gute Gastgeberin formulierte Elsie de Wolfe nicht nur in der mit herrlichen Anekdoten geschmückten Autobiografie, sondern auch in ihrem 1934 veröffentlichten Rezeptebuch »Recipes for Successful Dining«. »Heiß, heiß, HEISS« müssen die Speisen serviert werden und die Tischdekoration aus weißen Blüten »niedrig, niedrig, niedrig« sein, um die Konversation der Gäste nicht zu behindern. Bei den Rezepten für Hummer, Trüffelsalat und Lammragout bestätigte sich nur, worüber sich all ihre Gäste immer wieder amüsiert hatten. Bei Speisen, die nach ihren Angaben für acht bis 20 Personen gedacht waren, listete sie Zutaten auf, die für vier bis sechs Esser reichten. Auf die Frage nach dem Geheimrezept für eine gelungene Party antwortete sie mit einer einfachen Formel: »Habe immer mehr Männer als Frauen da. Kalte Getränke und einen französischen Küchenchef. Und lade keine langweiligen Leute ein.« Der Zweite Weltkrieg verschlug sie, ihren Gatten Charles, ihre beiden Assistenten und ihre Hausmädchen nach Beverly Hills, wo sie – wenn auch in kleineren Dimensionen – ihrem Ruf als hervorragende Gastgeberin auch weiterhin alle Ehre machte.

EMERALD CUNARD

1872–1948

»Ich lade Leute ein, damit sie sich unterhalten, nicht damit sie sich paaren.«

Emerald Cunard war – das berichten unisono ihre engsten Freunde – ein Konversationsgenie. Schon bei der gegenseitigen Vorstellung der Gäste stiftete sie anregende Verwirrung, in- dem sie die geladenen Damen und Herren nicht immer bei ihren Namen nannte, sondern mit absurden Umschreibungen einführte: »Das ist Mister Evan Morgan, er sieht aus wie der Dichter Shelley, und seine Mutter macht Vogelnester« oder mit den Worten »Darf ich Ihnen den Mann vorstellen, der Rasputin ermordete«, stellte sie den russischen Großherzog Dmitri Pavlovich vor, der auf dem Absatz kehrtmachte, da er tatsächlich an dem Attentat auf den Wunderheiler und den ehemaligen Vertrauten der Zarenfamilie seine Hände im Spiel gehabt hatte. Wie ein Zirkusdompteur mit seiner Peitsche dirigierte Lady Cunard das Gespräch bei Tisch, indem sie in euphorisch trällerndem Tonfall absurde Themen und Fragestellungen in den Raum schleuderte. Wenn sich aus ihren Bemerkungen keine unterhaltsame Konversation entwickelte, änderte sie kurzerhand das Sujet. Nur wenige konnten es mit ihrer scharfen Zunge aufnehmen. Als der Erfolgsautor William Somerset Maugham sich früh verabschiedete, um sich ins Bett zu begeben, reagierte Lady Cunard mit Unverständnis. »Ich muss auf meine Jugend aufpassen«, erklärte der Schriftsteller. »Warum hast du sie dann nicht mitgebracht?«, konterte Cunard spöttisch.

Bei Lady Cunard durften sich Politiker auf keinen Fall wie Politiker verhalten. Monologe über Zollpolitik oder die Situation der Weltwirtschaft waren in ihrer Gegenwart streng verboten. In ihrem Salon ging es um Literatur, Theater, Kunst und Musik, um schöngeistige Themen, egal aus welcher Berufssparte die Gäste stammten. Regelmäßig traf sich die politische Elite Großbritanniens in ihrem Londoner Stadthaus, das sie mit leuchtend bunten Stoffen im Stile der Ballets Russes dekoriert hatte. Der britische

S. 26: Lady Emerald Cunard und der Maharadscha von Alwar auf dem Strauss Ball im Savoy Hotel, Januar 1931.
S. 29: Feiern für einen guten Zweck. Lady Cunard, Marchioness Curzon, Lady Lavery und Mrs Charles Marshall auf einer Wohltätigkeitsgala im Claridges Hotel in London Mayfair, 1925.

Premierminister Winston Churchill und Arthur Balfour sowie der indische Staatssekretär Lord George Curzon kamen zu ihren legendären Dinnerpartys, die meist mit einem kleinen Bühnenstück, einer Lesung oder einem Konzert endeten. Sie »zeigte Politikern und Finanzexperten, dass es jenseits ihres geistigen Horizontes noch eine andere Welt gab«, erinnerte Lord Harold Acton in seinen Memoiren an ihre Gabe, politische und militärische Würdenträger mit romantischen und dramatischen Darbietungen aus der Reserve zu locken. »In ihrem Haus am Grosvenor Square trafen die Großen auf die Fröhlichen, und Staatsmänner gesellten sich zu den Protagonisten der Gesellschaft«, charakterisierte in seinem Tagebuch der aus Amerika stammende Partylöwe Henry »Chips« Channon, der sich genau wie Lady Cunard, die von New York nach England übergesiedelt war, einen festen Platz in der Londoner Gesellschaft erobert hatte, ihre Feste.

Londons legendärste Gastgeberin stammte gar nicht aus dem British Empire, was einige Neiderinnen stets zu mokieren hatten. Lady Cunard wurde 1872 als Maud Burke in Kalifornien geboren und gehört zu den wenigen Frauen aus dem Golden State, die jemals das Gesellschaftsleben einer europäischen Metropole bestimmt hat. Nach dem frühen Tod ihres Vaters hatte sie sich in der Bibliothek ihres Ziehonkels Horace Carpentier in New York eine umfassende Bildung in englischer und französischer Literatur angeeignet und durch Besuche in der Metropolitan Opera ihre Liebe zur Musik entdeckt. Den Sprung in die englische High Society gelang der forschen Amerikanerin durch die Heirat mit dem wohlhabenden Bache Cunard, einem Enkel des Gründers der Cunard-Schiffsgesellschaft. Mit ihrem 20 Jahre älteren Gatten siedelte sie nach England über und bezog 1895 das großzügige Anwesen Nevill Holt Hall in Leicestershire, wo sie ihre ersten Erfahrungen als Gastgeberin sammelte. Für das Leben auf dem Land, die Naturverbundenheit und die Jagdgefährten ihres Mannes hatte die feinsinnige Maud jedoch nur wenig übrig. Schon bald nach der Geburt ihrer Tochter Nancy, die später als extravagante Intellektuelle und Verlegerin in die Kulturgeschichte einging, begann sie einen Freundeskreis zu kultivieren, zu dem vor allem Schriftsteller und Musiker gehörten. Der irische Romanautor George Moore war Dauergast im Hause Cunard. Zu ihren Verehrern zählte der konservative Politiker Lord Alexander Thynne. Treue Freundinnen waren die Zeichnerin und Kunstmäzenin Violet Manners, Duchess of Rutland, die Malerin Pansy Cotton und Winston Churchills Mutter Jennie Jerome, mit der sie ihre Leidenschaft für Richard Wagner teilte.

Als Lady Cunard 1906 ihren Gatten verließ und mit ihrer Tochter nach London zog, avancierte sie schnell zur beliebtesten Gastgeberin der Hauptstadt. Sie begeisterte alle mit ihrer Eloquenz und Schlagfertigkeit. Ausgelassenes Amüsement war allerdings nur ein Ziel, das Lady Cunard mit ihren Partys verfolgte. Sie hatte sich außerdem die tatkräftige Unterstützung aufstrebender Musiker und Autoren auf die Fahnen geschrieben. In ihrem Salon durfte der irische Bühnenautor William Butler Yeats die Proben seiner neuesten Stücke abhalten. Und als Cunard erfuhr, dass James Joyce in Paris finanzielle Not litt, sammelte sie

in ihrem Freundeskreis so viel Geld, dass ihm eine kleine Rente ausgezahlt werden konnte. Die Förderung der Oper lag ihr jedoch besonders am Herzen, nicht nur weil sie sich – leider unerwidert – in den Orchestergründer und Dirigenten Sir Thomas Beecham verliebt hatte. »Eine Saison in Covent Garten hing von ihrem Engagement ab«, erinnerte sich der Schriftsteller Osbert Sitwell. »Sie konnte Loge über Loge füllen. Sie besaß unbändige Willenskraft, und ihre Leidenschaft für Musik war inbrünstig genug, die Oper zu einem absoluten Muss für all diejenigen zu machen, die en vogue sein wollten.« Durch ihre Initiative wurde das zweihundertjährige Jubiläum des Königlichen Opernhauses Covent Garten im Jahr 1933 mit einer Ausstellung zur Geschichte der Oper in England im Victoria & Albert Museum gefeiert. Zudem nutzte Lady Cunard, die sich in den dreißiger Jahren nicht mehr Maud, sondern – wesentlich vornehmer – Emerald nannte, jede Gelegenheit, um eine Lanze für englische Komponisten wie Frederick Delius zu brechen.

Trotz ihrer großartigen Verdienste als Mäzenin für Künstler und Musiker blieb Emerald Cunard sehr bescheiden. Auf die Frage, an der Seite welches Mannes sie in die Geschichte eingehen wolle, antwortete sie: »Ich möchte nicht in die Geschichte eingehen. Warum sollte ich? Ich habe nichts erreicht. Ich habe nichts geschrieben. Ich war nur eine Freundin der Leute. Ich würde es nicht mögen, in die Geschichte einzugehen. Das habe ich nicht verdient.«

GERTRUDE STEIN
UND
ALICE B. TOKLAS

1874–1946 und 1877–1967

»Bei einem Menü sollte es eine Steigerung und einen Höhepunkt geben. Nähern Sie sich diesem vorsichtig an. Einer wird reichen.«

ALICE B. TOKLAS

Nicht alle Gäste, die Gertrude Stein und Alice B. Toklas in ihrer Wohnung in der Rue Fleurus in Paris besuchten, wurden auf gleiche Art und Weise zuvorkommend bedient. Hélène, die in allen Haushaltsfragen entscheidungsfreudige Köchin, richtete die Menüs nach der Bedeutung der eingeladenen Personen aus. Ein besonderer Gast bekam ein Omelette Soufflé mit einer komplizierten Sauce, ein uninteressanter Gast hingegen ein Omelette mit Pilzen oder mit Kräutern, und als Beleidigung gab es Spiegeleier. Im Hause Stein wurde auf gutes Essen allerhöchster Wert gelegt, nicht nur wenn es um die Verköstigung der zahlreichen Besucher ging, die zum Mittagessen, Abendessen oder anlässlich der legendären Salonabende den beiden amerikanischen Ladys ihre Aufwartung machten. Gertrude Stein liebte gutes Essen, deshalb war sie so massig. »Schwer gebaut wie eine Bauersfrau«, beschrieb Ernest Hemingway sie einmal, den sie ermuntert hatte, als freier Autor zu arbeiten. Eine Mitschuld an ihren üppigen Formen trug ihre Lebenspartnerin Alice B. Toklas, die eine begnadete Köchin war und leidenschaftlich Kochrezepte sammelte. In ihren polnischen Knödeln wurden saure Sahne, Quark, Butter, Eier und Mehl verarbeitet. Sie beherrschte vier Variationen des spanischen Gazpacho, konnte aus Kokosnüssen Marmelade kochen und verfeinerte hart gekochte Eier mit Schlagsahne, Trüffeln und Madeirawein. Wenn sich Gertrude Stein nach Gerichten aus der Heimat sehnte, dann bereitete sie Hühnerfrikassee oder gebratenen Truthahn mit einer Füllung aus Pilzen und Kastanien zu.

Seit die ebenfalls aus Kalifornien stammende Alice B. Toklas 1909 bei Gertrude Stein eingezogen war, führten die beiden im klassischen Sinne eine konservative Ehe, in der die Rollen klar verteilt waren. Gertrude, die sich als Literaturgenie betrachtete, las, schrieb, ging spazieren, fuhr Auto und un-

Wohnung war der faszinierendste Ort in ganz Paris, denn dort ging jeder hin«, erinnerte sich die amerikanische Schriftstellerin Janet Flanner.

Die legendären Treffen in der Rue Fleurus 27 hatten sich zufällig ergeben. Anfangs kamen die meisten Besucher, um die spektakuläre Kollektion von Bildern der klassischen Moderne zu sehen, die Gertrude und ihr Bruder, der Künstler und Kunstkritiker Leo Stein, seit 1904 erworben hatten. Vom Fußboden bis zur Decke waren die Wände behängt mit Werken von Toulouse-Lautrec, Delacroix, Gauguin, Cézanne, Renoir, Vuillard und Bonnard. 1905 hatten die Geschwister ihr erstes Gemälde von Henri Matisse erstanden, der von da an zu ihren Lieblingskünstlern zählte. »Matisse brachte Bekannte mit, jeder brachte jemanden mit, sie kamen zu jeder beliebigen Zeit, und es begann unerträglich zu werden, und so fing es mit den Samstagabenden an«, erklärte Gertrude Stein die Etablierung eines Jour fixe. Leo Stein, der nach einem abgebrochenen Medizin- und Biologiestudium von Amerika nach Europa gekommen war, um Kunst zu studieren, beeindruckte die Gäste mit seinen Kenntnissen über die Moderne. Nachdem er aus der gemeinsamen Wohnung ausgezogen war, um für Alice B. Toklas Platz zu machen, übernahm seine charismatische Schwester den Vorsitz der intellektu-

terhielt sich gerne, während alle anderen Dinge des täglichen Lebens sie nervös machten. Aufopfernd kümmerte sich Toklas um den gesamten Haushalt, nähte, strickte, sorgte für frische Blumen und fungierte engagiert als Sekretärin, Telefonistin, Verlegerin, und sie bereitete auch mit größter Sorgfalt die Salongesellschaften vor, zu denen sich regelmäßig die – damals noch unbekannten – Protagonisten der künstlerischen Avantgarde einfanden wie Pablo Picasso, Guillaume Apollinaire, Max Jacob, Alfred Jarry, Marie Laurencin, Georges Braque und Juan Gris. Zu den Besuchern gehörten auch die russischen Kunstsammler Iwan Morosow und Sergei Schtschukin, amerikanische Sammler und einige Kunstkritiker wie Roger Frey und Clive Bell. »Ihre

S. 30: Sie ergänzten sich prächtig: Gertrude Stein (links) und Alice B. Toklas in Paris, undatiert.
S. 32: Gertrude Stein (rechts) und Alice B. Toklas umgeben von Kunstschätzen in ihrem Pariser Salon in der Rue de Fleurus, 1923.
S. 33: Stein amüsierte sich mit Freundinnen genauso wie mit vielsprechenden Künstlern und Intellektuellen, um 1934.

ellen Zusammenkünfte. »Sie war eine solche Persönlichkeit, dass ihr niemand widerstehen konnte, den sie für sich gewinnen wollte«, schrieb Ernest Hemingway in seinem 1965 erschienen Erinnerungsbuch »Paris – Ein Fest fürs Leben«. Wie eine Königin hielt Gertrude Hof für die zahlreichen Gäste der samstäglichen Teegesellschaften. Auf einem schweren Sessel thronend, unterhielt sie sich mit den schöpferisch tätigen Männern, während Alice B. Toklas den Ehefrauen Gesellschaft leistete und diesen die Küche zeigte. Meist gab es Tee, Kuchen und Gewürzkekse und keinen Alkohol. »Trinker halten sich gegenseitig für amüsant, aber das tun sie nur, weil sie beide betrunken sind«, fand Stein. Nur manchmal bereitete Alice einen »himmlischen Punsch, der süßlich und fad schmeckte, es aber unglaublich in sich hatte«.

Die Gastfreundschaft von Gertrude Stein und Alice B. Toklas war legendär. »Als die besten Gastgeber der Welt« rühmte sie der französische Kunsthändler Ambroise Vollard. Für alle Feinheiten im Umgang mit den Besuchern sorgte allerdings die sich stets bescheiden im Hintergrund haltende Alice. Wenn Picasso kam, mussten besondere Vorkehrungen getroffen werden, da er eine strikte Diät einhielt. »Rotes Fleisch war untersagt […] Brathuhn war ebenfalls nicht genehm, eher schon Lammkeule. Oder wir aßen einen zarten Kalbsnierenbraten, vorweg ein Spinat-Soufflé, da Spinat von Picassos Arzt ausdrücklich empfohlen worden war und es gegen die Zubereitung als Soufflé nichts einzuwenden gab«, erinnert sich Toklas in ihrem 1954 erschienenen Rezeptebuch an die Menüvariationen für den Künstler-

freund. Ein anderes Mal überraschte Toklas Picasso mit einem in Weißweinsud gegarten Barsch, den sie mit Tomatenmayonnaise, gehacktem Eigelb und Fines Herbes farbenprächtig auf einer Fischplatte dekorierte. »Ich war stolz auf mein Meisterwerk, als es serviert wurde, und Picasso stieß einen Ruf der Bewunderung aus. ›Aber‹, sagte er, ›wäre das nicht eher etwas für Matisse, als für mich?‹« Was er damit meinte, musste Toklas selbst erraten.

Gertrude Stein hatte Picasso 1905 kennengelernt und angefangen, seine Bilder zu kaufen. Das Fundament ihrer langjährigen Freundschaft hatten die Schriftstellerin und der Maler während der rund 80 Stunden gelegt, in denen Gertrude in seinem Atelier Modell für ihr Porträt gesessen hatte. Die Amerikanerin gehörte zu den Ersten, die Picassos kubistische Gemälde kaufte. Nach eigenem Bekunden wollte sie mit ihren literarischen Werken, die von ständigen Wortwiederholungen geprägt sind, den Kubismus der abstrakten Malerei in die Literatur übertragen. »A rose is a rose is a rose«, gehört zu den oft zitierten Sätzen, die ihren Stil beschreiben. Gertrude Stein war die erste moderne Schriftstellerin. Wort für Wort reihte sie aneinander, ohne Komma, Gedankenstrich, Semikolon und Doppelpunkt und überließ es den Lesern, sich durch die Wortketten zu arbeiten. 1909 veröffentlichte die Autorin ihr erstes Buch »Three Lives« auf eigene Kosten, da sie keinen Verlag fand, der an ihren experimentellen Werken interessiert war. Ihren publizistischen Durchbruch feierte sie erst 1933 mit der konventionell geschriebenen »Autobiography of Alice B. Toklas«, in der sie im Plauderton ihr bisheriges Leben aus der Sicht ihrer Gefährtin schilderte. Munter vermischte sie in diesem Longseller Wahrheit und Fiktion, sodass sich ehemalige Weggefährten wie Georges Braque, Eugène und Marie Jolas, Henri Matisse, André Salmon und der rumänische Schriftsteller Tristan Tzara 1935 zu einer ganzen Reihe von Richtigstellungen im literarischen Magazin *Transition* veranlasst fühlten.

Während des Ersten Weltkrieges kamen die Salonabende zum Erliegen. Als der Krieg ausbrach, hielten sich beide Damen einige Monate für Vertragsverhandlungen mit potenziellen Verlegern in London auf. Da Paris während des Krieges zu gefährlich war, reisten sie nach Mallorca und führten dort bis 1916 ein friedliches, häusliches Leben in harmonischer Zweisamkeit. Zurück in Paris, beschlossen Stein und Toklas, sich als Helferinnen zu engagieren. Wie ihre amerikanischen Freundinnen schlossen sie sich der amerikanischen Hilfsorganisation »American Fund for French Wounded« an. Stein nahm Fahrstunden, und mit einem Ford-Lieferwagen, den sie Auntie tauften, verteilten sie Medikamente und andere Hilfsgüter an Krankenhäuser in Südfrankreich. Ihre Fahrtroute plante Toklas mithilfe eines Gastronomieführers – schließlich wollten sie trotz des Krieges nicht gänzlich auf alle Annehmlichkeiten des Lebens verzichten. Gertrude Stein, politisch eher unbedarft, verarbeitete ihre Kriegseindrücke in »Accents in Alsace« und »The Deserter«.

In den zwanziger Jahren standen vor allem junge Schriftsteller im Mittelpunkt der Salonabende, die Stein und Toklas nach Kriegsende wieder aufleben ließen. Neben Ernest Hemingway und Sherwood Anderson fanden sich Paul Bowles, Thornton Wilder, T. S. Eliot, F. Scott Fitzgerald, John Dos Passos sowie die Franzosen Jean Cocteau, Valéry Larbaud und Tristan Tzara ein. Die meisten kamen über die Vermittlung von Sylvia Beach, die 1919 in Paris die Buchhandlung und Leihbibliothek »Shakespeare and Company« eröffnet hatte und zu Steins Salongästen zählte. Hemingway war 23 Jahre alt, als er mit ihrer Empfehlung zum ersten Mal in die Rue Fleurus eingeladen wurde. Stein ermunterte ihn, seine Tätigkeit als Journalist für den *Toronto Star* zugunsten der Literatur aufzugeben. Oft half sie jungen Schriftstellern, für die sie den Begriff der »Lost Generation« prägte, »indem sie einer fixen Idee oder Besessenheit eine andere Richtung gab und somit einen Neubeginn ermöglichte«, erinnerte sich die Schriftstellerin Natalie Clifford Barney, die ihrerseits regelmäßige Salongesellschaften in ihrem Gartenpavillon ausrichtete.

Andere erfolgreiche Schriftstellerkonkurrenten wie James Joyce waren in der Rue Fleurus hingegen nicht gern gesehen. Und auch Ezra Pound, der zwischen 1920 und 1924 in Paris lebte, war zur Persona non grata erklärt worden. Nicht nur weil er nach Meinung von Gertrude Stein das Gebaren eines Dorfredners hatte, »was ausgezeichnet sei, wenn man ein Dorf sei, wenn man es aber nicht sei, nicht«, so Stein. Und als der amerikanische Schriftsteller den Wunsch äußerte, sie wieder einmal besuchen zu dürfen, war sie um eine fadenscheinige Ausrede nicht verlegen: »Es tut mir leid [...] aber Miss Toklas hat einen schlimmen Zahn, und außerdem haben wir alle Hände voll zu tun, um Feldblumen zu pflücken.« Gastgeberin um jeden Preis wollte Stein nicht sein.

Der Ausbruch des Zweiten Weltkrieges überraschte die beiden Damen in ihrem Haus in Bilignin im Rhonetal, in dem sie seit 1929 die Sommermonate verbrachten. Sie hatten das herrschaftliche Haus aus dem 17. Jahrhundert von einem Bauern gemietet und in ein Paradies verwandelt. Es gab einen Springbrunnen, mit Buchshecken eingefasste Blumenbeete und zwei große Gemüsegärten, die Alice B. Toklas mit Leidenschaft bewirtschaftete. Die Erträge wurden in der Küche verarbeitet. Toklas dämpfte Salate, dünstete Artischocken, kochte Rote Bete und machte Erdbeermarmelade und Himbeergelee. Zu ihren Hausgästen gehörten in den ersten Jahren die amerikanischen Autoren Paul Bowles und Bravig Imbs: Beide wurden verwöhnt mit kleinen Rettichen, frischen Tomaten, eingelegten Pilzen, rosa Lachsforellen, Brathuhn, Salat mit scharfem Schnittlauch, kaltem Champagner, köstlichem Käse und zierlichen Pflaumen. Gertrude Stein und Alice mussten sich nicht sonderlich um Gesellschaft bemühen. Sie hatten ständig Besuch. In den Kriegsjahren, als Lebensmittel vom Militär beschlagnahmt wurden, bestand die Gastfreundschaft der beiden Damen nicht selten lediglich aus einer Tasse Tee und einer Zigarette. Trotz ihrer jüdischen Herkunft hatten Stein und Toklas beschlossen, auch während der Besetzung Frankreichs in ihrer Wahlheimat zu bleiben. Protegiert wurde das Paar von ihrem Freund, dem Direktor der Nationalbibliothek, Bernard Faÿ, der als Intimus der Vichy-Regierung galt. Zudem habe das ganze Dorf geholfen, die Anwesenheit der beiden amerikanischen Jüdinnen geheim zu halten. Um zu überleben, hielt man zusammen und half sich aus, wenn es um rare Lebensmittel wie Fleisch und Eier ging.

Das Kriegsende feierte Gertrude Stein natürlich mit einem Festessen für die amerikanischen Soldaten. Das Befreiungsmenü bestand aus Forelle in Aspik, Hühnchen in Estragon, Tomaten- und grünem Blattsalat, Schokoladensoufflé, wilden Erdbeeren und Kaffee. Eines der schönsten Komplimente für ihre großzügige Gastfreundschaft erhielt Gertrude Stein von einem ehemaligen Soldaten: »Ihr Heim war für uns alles, worauf wir uns etwas einbilden konnten; Sie beide haben dafür gesorgt, dass wir angesichts der Tatsache, Amerikaner zu sein, Begeisterung und Pflichtgefühl empfanden«, schrieb ihr William C. Haygood in einem Brief aus Chicago.

MARIE-LAURE DE NOAILLES

1902 – 1970

»Ein Gast sollte korrekt, liebenswert und nicht affektiert sein [...] die Ironie mit Mildtätigkeit einsetzen [...] sich der Umgebung anpassen und trotzdem seine Persönlichkeit bewahren.«

Von Träumen allein kann man nicht leben! Doch glücklicherweise fanden die mittellosen Protagonisten des Surrealismus, die in den zwanziger Jahren mit ihrer Kunst das traditionelle Wertesystem umkrempeln wollten, finanzielle Unterstützung und ein offenes Haus bei der Herzogin von Noailles, die voller Begeisterung die von Halluzinationen inspirierten Gemälde und Skulpturen von Salvador Dalí, Max Ernst, Balthus und Yves Tanguy ankaufte, als diese noch unbekannt waren und um Anerkennung ihrer Ideen kämpften. Kaum eine Kunstrichtung hätte zu Marie-Laure de Noailles besser gepasst. Denn genau wie die Künstler, Musiker und Autoren, die sie förderte, verachtete sie die bürgerlich-konservative Gesellschaftsordnung mit ihren falschen Moralvorstellungen. Die Herzogin benahm sich selbst oft »surrealistisch«. »Sie liebte es, andere zu überraschen, zu schockieren, zu brüskieren, und wusste auch, wie ihr dies am besten gelang«, erinnert sich der Schriftsteller James Lord in seinem literarischen Porträt an seine ältere Freundin. In ihrer privilegierten Stellung konnte Marie-Laure de Noailles sich ein skandalöses Benehmen herausnehmen, ohne Konsequenzen zu fürchten. Sie war reich wie eine Königin. Von ihrem Vater Maurice Bischoffsheim hatte sie eine grandiose Sammlung von alten Meistern mit Werken von Goya, Delacroix, Watteau und Gainsborough und ein schier unermessliches Vermögen geerbt. Ihr Hang zum Skandalösen war ihr dagegen durch die Familie ihrer Mutter Marie-Thérèse in die Wiege gelegt worden, die eine Nachfahrin des Marquis de Sade war – ein Umstand, den die Lebedame gerne anführte, um ihre zahlreichen Liebschaften zu rechtfertigen.

Die Rolle der großen Gastgeberin und Mäzenin übernahm Marie-Laure mit Feuereifer, nachdem sie 1923 mit großem Pomp Charles de Noailles geheiratet hatte, einen überaus höflichen Menschen aus

S. 36: Förderin der Surrealisten – Marie-Laure de Noailles, 1949.
S. 39: Mit ihrem Vermögen finanzierten die Vicomtesse und ihr Ehemann den skandalträchtigen Film »L'Age d'Or« (1930) von Luis Buñuel und Salvador Dalí.

allerhöchsten Adelskreisen, der so lange als ideale Partie erschien, bis seine junge Gattin ihn mit dem Turnlehrer in eindeutiger Pose im Schlafzimmer überraschte. Doch dies war kein Grund zur Scheidung für die in allen Lebenslagen libertär denkende Vicomtesse: Sie tröstete sich erfolgreich mit ihrem Engagement für zeitgenössische Kunst und mit einer ganzen Reihe von jungen Liebhabern aus der Pariser Boheme über den treulosen Ehemann hinweg. In ihrem grandiosen Pariser Palais an der Place des États-Unis empfing sie ihre Protegés zu freundschaftlichen Mittagessen und festlichen Soireen, darunter die Schriftsteller André Gide, René Crevel, Maurice Sachs, Max Jacob und Valentine Hugo. Mit seiner reichen Ausstattung verschlug das Domizil allen Gästen gleichermaßen die Sprache. Das Treppenhaus war geschmückt mit korinthischen Säulen, Kristallleuchtern und Gobelins. In der Galerie hingen alte Meister vom Fußboden bis zur Decke, und einen Salon hatte der Dekorateur Jean-Michel Frank im Stile des Art déco mit Pergament bezogen. Das mondäne Leben lernten die surrealistischen Künstler und Musiker in diesem außergewöhnlichen Ambiente von seiner besten Seite kennen. Salvador Dalí zeigte sich jedoch erst einmal völlig überfordert von den gehobenen Tischsitten, die im Hause de Noailles gepflegt wurden: »Jedes Mal, wenn sich der Kellner meinem Ohr näherte, um mir ganz leise und in vertraulichem Ton den Namen und Jahrgang des Weins zuzuflüstern, glaubte ich, dass etwas Ernstes passiert war, dass Gala von einem Taxi überfahren worden sei oder ein wütender Surrealist angekommen war, um mich niederzuschlagen, sodass ich aschfahl aufschrak, bereit, den Tisch zu verlassen. Aber nein, es war nichts. Der Kellner wiederholte vielmehr, um mich zu beruhigen, mit der größtmöglichen starren Würde: ›Châteauneuf-du-Pape 1923‹. Ich trank diesen Wein, der mir Angst machte, in einem einzigen Zug, dank dessen ich aber hoffte, meine Schüchternheit zu überwinden und die Sprache wiederzufinden«, erinnerte sich der spanische Künstler in seinen Erinnerungen »Das geheime Leben des Salvador Dalí«.

Den großartigen Ballsaal des Palais, den vergoldete Stuckaturen aus einem Palazzo in Palermo zierten, hatten »die Charles«, wie sie in der Society gerne genannt wurden, zu einem privaten Kino umbauen lassen, um die experimentellen Filme ihrer Künstlerfreunde zu zeigen, die das Ehepaar mit großen Summen finanzierte. Die Förderung des surrealistischen Films »L'Age d'Or« von Luis Buñuel wurde für das Mäzenatenpaar jedoch zu einem gesellschaftlichen Debakel. Schon die Premierengäste, zu denen Prinzessin Nataly Paley, Artur Lopez, das Ehepaar Faucigny-Lucinge und Lady Abdy gehörten, waren nicht entzückt von der losen Aneinanderreihung von bizarren, antiklerikalen und erotischen Botschaften und Bildern. Eine Woche nachdem der Film öffentlich gezeigt worden war, wurde er von der Zensur aus dem Verkehr gezogen und löste nicht nur in der Presse heftige Kontroversen zwischen Konservativen und Liberalen aus. Charles de Noailles wurde des Jockey Clubs verwiesen, und hinter vorgehaltener Hand munkelte man sogar über eine mögliche Exkommunizierung aus der katholischen Kirche. Nur wenige Wochen zuvor hatten die de Noailles

L'AGE D'OR
de luis bunuel
scénario de
luis bunuel et salvador dali
Charles Rau
interprété par
gaston modot · lya lys
caridad de làberdesque
lionel salem · max ernst
madame noizet · liorens artryas
duchange · ibanez
G

S. 40: Nicht eitel, sondern unkonventionell. Marie-Laure de Noailles auf einem Kostümball zum Thema »My Fair Lady«, 1965.

noch für ein viel beachtetes gesellschaftliches Ereignis gesorgt, laut *Fémina* »für den Clou« der Saison: den Bal des Matières, auf dem die Kostüme nicht aus Stoff, sondern aus anderen Materialien wie Karton, Papier, Korbgeflecht, Federn, Leder, Pflanzen oder Zellophan zu bestehen hatten.

Ungestört konnten Charles und Marie-Laure ihre Leidenschaft für die Avantgarde und das leichte Leben ab den dreißiger Jahren vor allem in ihrem zweiten Domizil Saint Bernard in Hyères ausleben, das der Architekt Robert Mallet-Stevens nach den strengen Prinzipien des Rationalismus für sie entworfen hatte. Die Villa zählte damals zu den ersten modernen Gebäuden in Frankreich. Wenn Charles anwesend war, widmete er sich der Pflege des kubistischen Gartens, während Marie-Laure die funktionalen Zimmer mit Möbeln von Pierre Chareau und Eileen Gray und Kunstwerken von Mondrian, Lipchitz, Brancusi, Giacometti und Picasso ausstattete. Zur Unterhaltung der zahlreichen Gäste gab es einen Squashplatz, einen Gymnastikraum und eine Schwimmhalle. »Wir spielten alle nahezu nackt, und danach sprangen wir schwitzend in das wohltemperierte Bassin«, erinnerte sich der Maler Marc Allégret an seinen Aufenthalt in Hyères. »Das ist die Art Hotel, in dem man sich nicht um die Leute kümmert, ausgenommen die Mahlzeiten«, charakterisierte die Hausherrin selbst treffend die sorgenfreie Atmosphäre, die sie gekonnt kreierte.

Als Gast war die allseits beliebte Vicomtesse jedoch mit Vorsicht zu genießen. Denn immer wieder schwatzte sie ihren unterwürfigen Gastgebern, die froh waren um ihr Erscheinen, dekorative Kunstobjekte ab. Von Monsieur Eiffren kam sie mit einer Gartenskulptur aus dem 19. Jahrhundert zurück, und ihre amerikanische Nachbarin erleichterte sie um einen Louis-quinze-Fächer, den deren Großmutter von Pierpont Morgan geschenkt bekommen hatte.

Anfang der dreißiger Jahre luden die de Noailles die Elite der französischen Komponisten zu einem Musikfestival nach Hyères ein, an dem Darius Milhaud, Francis Poulenc, Georges Auric, Igor Markevitch und Henri Sauguet teilnahmen, um im städtischen Theater eigene Stücke vorzutragen. In den freien Stunden genossen die Avantgardemusiker die Gastfreundschaft in der Villa. »Sauguet nimmt Schwimmstunden im kleinen Becken, um sich nach dem Abendessen mithilfe eines Handtuchs in die Königin Wilhelmine von Portugal oder in eine spanische Tänzerin zu verwandeln«, freute sich Marie-Laure in einem Brief an ihren Freund Jean Cocteau. Das Erbe der Mäzenin, die ihre Rolle auch nach dem Zweiten Weltkrieg bis zu ihrem Tod 1970 konsequent weiterführte, wird noch heute in Hyères gepflegt und fortgeführt. Die Villa und der Garten wurden restauriert. Und in den Räumen, in denen einst Marie-Laure als Gastgeberin waltete, werden heute – ganz in ihrem Sinne – Kunstausstellungen gezeigt und Design-Festivals organisiert.

49.8

die EXTRAVAGANTEN

Die hier versammelten Gastgeberinnen entsprachen alles andere als den Normen ihrer Zeit! Sie waren besonders in jeder Hinsicht – in ihrer Art, sich zu kleiden, zu leben und Feste zu feiern. Allen voran Marchesa Luisa Casati, die sich selbst zum Kunstwerk stilisierte. Um jeden Preis auffallen wollte die wohlhabende Herzogin mit ihren feuerroten Haaren, ihren ausgefallenen Kleidern und ihrem ausschweifenden Lebensstil, zu dem eine Boa constrictor als Haustier gehörte. Alle Frauen dieses Kapitels verwirklichten ihre hochfliegenden Träume: Alva Vanderbilt gab den größten Ball in der Geschichte Amerikas, Elsa Maxwell organisierte Feste, die in die Geschichte eingingen, und Diana Vreeland setzte internationale Modetrends. Mit ihren extravaganten Ideen beflügelten sie Künstler, Modeschöpfer und Designer zu Hochleistungen und wurden zu Trendsetterinnen des 20. Jahrhunderts.

ALVA VANDERBILT

1853 – 1933

»First marry for money, then marry for love.«

Ihr Entree in die höchsten Gefilde der New Yorker Gesellschaft erkauften sich Alva Vanderbilt und ihr Gatte William K. mit einem Maskenball, der alle Feste in den Schatten stellte, die in Amerika bisher gefeiert worden waren. Denn bei den alteingesessenen New Yorker Familien galten die Vanderbilts, obwohl sie bereits auf einigen gesellschaftlich bedeutenden Veranstaltungen zu Gast gewesen waren, als neureiche Emporkömmlinge. Die sogenannten »Four Hundred« bildeten die Elite der New Yorker Society. Der Name erklärt sich folgendermaßen: 400 gibt die Anzahl der Gäste an, die in Mrs Caroline Astors Ballsaal Platz fanden. Nur wer von der Grande Dame, deren Vorfahren zu den ersten Siedlern an der Ostküste gehörten, zu einem Hausball eingeladen wurde, zählte zu den tonangebenden Familien. Gerüchten zufolge habe die ehrgeizige Alva Vanderbilt mit ihrer Megaparty die Hüterin der oberen Vierhundert ausstechen wollen. Was ihr auch gelang! »Der Ball bei den Vanderbilts hat die New Yorker Society mehr in Aufregung versetzt als jede andere gesellschaftliche Veranstaltung, die hier in den letzten Jahren stattfand«, konnte man in der *New York Times* lesen. Und auch die Kosten für das grandiose Fest, das am 26. März 1883 stattfand, wurden von der Presse recherchiert: Rund 250.000 Dollar wurden für Kostüme, Haardesign, Dekoration, Blumen, Champagner und Speisen ausgegeben, das entspricht nach heutigen Maßstäben umgerechnet rund 3 Millionen Dollar.

Sein Vermögen hatte William Kissam Vanderbilt zum größten Teil geerbt. Er war ein Enkelsohn des legendären Cornelius Vanderbilt, der Mitte des 19. Jahrhunderts nicht nur eine erfolgreiche Dampfschiffsgesellschaft gegründet, sondern auch zur richtigen Zeit in den Ausbau der Eisenbahnstrecken durch Amerika investiert hatte. Der »Commodore«, wie er genannt wurde, verfügte schon bald über die

S. 44: Erst die Arbeit, dann das Vergnügen. Alva Vanderbilt Belmont und Inez Milholland setzten sich aktiv für das Frauenwahlrecht ein, 1913.

wichtigsten Eisenbahnlinien der USA. Außerdem betätigte sich William K., wie schon sein Vater William Henry, höchst erfolgreich im Management des Familienunternehmens. Was den ehrgeizigen Vanderbilts fehlte, um ihr Glück perfekt zu machen, war die gesellschaftliche Anerkennung.

Sechs Wochen vor dem geplanten Ball, der das Ansehen der Familie steigern sollte, wurden rund 1200 Einladungen verschickt. Mit Absagen rechnete Alva Vanderbilt nicht. Denn mit dem Fest sollte auch nach langer Bauzeit ihr neues Domizil an der Fifth Avenue 660 eingeweiht werden, das der bedeutende amerikanische Architekt Richard Morris Hunt entworfen hatte. Nach seinem Studium in Paris an der École des Beaux-Arts hatte sich Hunt in New York mit Aufträgen der Familie Stuyvesant und dem Bau des ersten Wolkenkratzers, des Tribune Buildings (1955 zerstört), bereits einen Namen gemacht. Von ihm stammen auch der Sockel der Freiheitsstatue sowie der Eingangsflügel des Metropolitan Museum of Art. Für die Vanderbilts realisierte er ein großartiges Herrenhaus mit zahlreichen motivischen Anleihen aus der französischen Gotik nach dem Vorbild des Hôtel de Cluny in Paris. Ein Märchenschloss mitten in der Stadt! Und deshalb lag es für die Gastgeberin wohl mehr als nahe, ein Kostümfest zu veranstalten. Wochen vor dem Ereignis gab es bei den Damen und Herren, die eine Einladung erhalten hatten, kein anderes Thema mehr: Was ziehe ich an? »Jeder Künstler in der Stadt wurde beauftragt, neue Kleider zu entwerfen, um ein Kostüm zu erschaffen, das seine Trägerin unvergesslich machen würde«, schrieb New Yorks Society-Löwe Ward McAllister über die große Aufregung im Vorfeld.

»Obwohl der Ball eigentlich erst um 23 Uhr beginnen sollte, wurden bereits um 19 Uhr Gentlemen gesichtet, die vom Friseur mit üppig gepudertem Haar zurückkehrten und in ihre auf der Fifth Avenue geparkten Kutschen stiegen, um schnellstmöglich nach Hause zu gelangen, um ihre Toilette zu beenden«, berichtete die *New York Times*. Schon viele Stunden vor Beginn des Balls waren die Straßen rund um das Château voll von Schaulustigen und Polizisten, die die neugierige Masse zurückdrängten. Die Sicherheitsmaßnahmen, wie man sie von heutigen Großveranstaltungen kennt, waren damals nicht ohne Grund getroffen worden. Es kursierten Gerüchte über einen geplanten Sprengstoffanschlag und einen Überfall. Zwölf Detektive hatte man außerdem unter die Gäste gemischt, um jedes unbekannte Gesicht so schnell wie möglich aufzuspüren. Ein fast hoffnungsloses Unterfangen, wenn man bedenkt, dass alle kostümiert kamen. Lady Washington hatte sich als Königin von Schottland, Maria Stuart,

»Es war der am meisten nachgefragte, frechste, am feinsten beleuchtete und schönste Kostümball, der je in New York gegeben wurde.«

verkleidet, Carolina Cornaro kam im Gewand einer Zigeunerin, und Mary Quite Contrary hatte sich in die Märchenfigur Mother Goose verwandelt. In den Räumen der Vanderbilts tummelten sich Kardinäle, Teufel, Fakire, ägpytische Prinzessinnen, noble Herren und Edeldamen aus allen Jahrhunderten und dazwischen Schmetterlinge und Fische. Die Mitglieder der Familie standen mit ihren Kostümen für Vergangenheit und Zukunft der zivilisierten Menschheitsgeschichte. Cornelius figurierte als Sonnenkönig Ludwig XIV., während Alice Vanderbilt als Personifikation des elektrischen Lichts auftrat. Ein Herr konnte sich bis zum Schluss nicht auf ein Kostüm festlegen. Er wurde dabei beobachtet, wie er das Fest als moldauischer Stammesfürst verließ und etwas später als türkischer Pascha wiederkam.

Um elf durften die Gäste den fantastisch geschmückten Ballsaal betreten, in dem die Gastgeberin und Lady Consuelo Maudeville als Ehrengast in venezianischen Adelsroben saßen, um die Gäste zu begrüßen. Die stilsichere Alva Vanderbilt hatte keine Kosten und Mühen gescheut, die festlich beleuchteten Innenräume des Herrenhauses in eine exotische Gartenkulisse zu verwandeln. Um die Säulen in der Empfangshalle waren Palmen gruppiert, in deren Schatten Farne und Ziergräser wiegten. Zwischen Säulenkapitellen waren japanische Laternen gespannt. In einem weiteren Raum wurde an zahllosen kleinen Tischen das Essen serviert. Die Wände waren hinter exotischen Grünpflanzen verschwunden, durch die sich farbenprächtige Orchideen schlängelten. Die Türen des Festraumes waren mit Rosen und Lilien dekoriert. Um den Eindruck eines Gartens perfekt zu machen, waren zwei Brunnen aufgestellt worden.

Eröffnet wurde das Tanzvergnügen mit Quadrille-Tänzen, die ausgewählte Gäste wochenlang einstudiert hatten. Die erste Gruppe von Tänzern absolvierte ihren Auftritt wie am Hofe des französischen Königs in Pferdekostümen. Es folgten die Mother-Goose-Quadrille mit Figuren aus dem beliebten Märchen und eine Quadrille in Kostümen der Opera buffa. Den Höhepunkt, darin waren sich die Gäste einig, bildete jedoch die Dresden-China-Quadrille, bei der die Tänzer mit weißen Hoftrachten, gepuderten Perücken und zwei sich überkreuzenden Schwertern auf der Brust wie Figuren aus Meissener Porzellan zurechtgemacht worden waren. »Das war der Erfolg des Abends«, befand ein Chronist des Balls.

Mit ihrem gelungenen Kostümfest hatte Alva Vanderbilt offensichtlich auch ihre Nebenbuhlerin Mrs Astor überzeugt, die 1883 resümierte: »Wir haben kein Recht, jene auszuschließen, die durch das Wachstum dieses großartigen Landes nach oben gekommen sind, vorausgesetzt, ihre Sprache und Erscheinung sind nicht gewöhnlich. Die Zeit für die Vanderbilts ist gekommen.«

MARCHESA LUISA CASATI

1881 – 1957

»Sie war eine Erscheinung aus ›Tausendundeiner Nacht‹, doch seltsamerweise wirkte sie nie gekünstelt. Diese fantastische Aufmachung passte zu ihr. Sie war so anders als andere Frauen, dass gewöhnliche Kleider für sie unmöglich waren.«

CATHERINE BARJANSKY

Die Gäste der italienischen Marchesa mussten im wahrsten Sinne des Wortes mit allem rechnen, wenn sie die Türschwelle zu einem ihrer legendären Domizile in Venedig, auf Capri oder in Paris überschritten. Luisa Casati war nicht nur berühmt für ihre bühnenreifen Auftritte in Roben aus Brokat, venezianischer Spitze, besetzt mit Federn und Diamanten, auf dem Kopf ein verrückter Hut oder eine toupierte rote Perücke – einmal stand sie auf Stelzen so hoch über der Erde, dass den Besuchern, die ihr nicht die Hand küssen konnten, nichts anderes übrigblieb, als lapidar zu rufen: »Hallo, Luisa! Va bene?« Die Marchesa hielt sich einen privaten Zoo mit exotischen Tieren, die den Damen und Herren der höheren Gesellschaft Schauder über den Rücken jagen sollten: Schlangen und Reptilien gehörten zu den ausgemachten Lieblingen der extravaganten Gastgeberin, darunter auch eine zehn Meter lange Boa constrictor, die sie nach dem griechischen Philosophen Anaxagarus getauft hatte. Kreischende Affen tummelten sich in den Gehegen ihrer Gärten genauso wie Geparden, Tiger, Pfauen und Albinoamseln, deren Gefieder sie zu bestimmten Anlässen oder nach Lust und Laune versilbern, vergolden und bunt einfärben ließ. Anlässlich einer ihrer berühmten Soireen, zu denen die Luisa Casati Ende der zwanziger Jahre in ihren Palais Rose bei Paris einlud, beschaffte sie sich zwei bengalische Tiger, die sich bei der Ankunft ihrer Gäste zu ihren Füßen räkelten. Nur wer es schaffte, die Gastgeberin standesgemäß zu begrüßen, hatte die Mutprobe bestanden! Für den Notfall verbarg sich in einer Ecke der Eingangshalle ein Dompteur, der die Tiger zu bändigen wusste.

Auf das Angenehmste überrascht von den oft sehr freizügigen Aufzügen der Marchesa waren vor allem ihre zahlreichen männlichen Besucher. Zur Begrüßung des russischen Prinzen Felix Yusupov hatte sich Luisa Casati in einem Gewand aus durch-

S. 48: Die Königin der Kostümfeste: Luisa Casati mit den Künstlern Paul-César Helleu (links) und Giovanni Boldini (Mitte) im Garten ihres Palazzo Venier dei Leoni in Venedig, 1913.
S. 51: Von Kopf bis zu den Zehenspitzen extravagant: Marchesa Casati in einem von Paul Poiret entworfenen Springbrunnen-Kostüm, um 1920.

sichtigen Schleiern auf ein Tigerfell gelegt, während zu ihren Füßen ihre beiden Windhunde dösten. Sir Compton Mackenzie empfing sie dagegen völlig nackt auf einem Bärenfell räkelnd. »›Mackenzie, wie schön, Sie zu sehen‹, sagte sie und streckte mir die Hand entgegen«, erinnerte sich der schottische Schriftsteller, »›ich muss mir nur schnell etwas überziehen – wir nehmen den Tee in der Pergola.‹« tessa, nur zwei Jahre später der Conte Amman, der ihr eine florierende Firma und so viele Immobilien und Wertpapiere hinterließ, dass die beiden Schwestern mit einem Schlag zu den reichsten Erbinnen Italiens zählten. Sie wurden in die Obhut ihres Onkels übergeben – bis Camillo Casati Stampa di Soncino auf die hochgewachsene Luisa mit den auffällig großen grünen Augen aufmerksam wurde. Im Jahr 1900 heiratete die Neunzehnjährige den Marchese

»Ich möchte ein lebendiges Kunstwerk sein.«

Über drei Jahrzehnte hielt die 1881 in Mailand geborene Marchesa mit ihren rauschenden Festen und Kostümbällen die Welt der High Society in Atem. Als jüngste Tochter des wohlhabenden Textilfabrikanten Alberto Amman war sie in Saus und Braus hineingeboren worden. Mit der Herstellung von Baumwolle hatte Amman Karriere gemacht und ein Vermögen erwirtschaftet. Neben den Fabrikgebäuden in Pordenone besaß die Familie ein nobles Stadtrefugium im Herzen von Mailand. Luisa und ihre ältere Schwester Francesca wuchsen jedoch in der von einem riesigen Park umgebenen Villa Amalia in den Hügeln von Erba in der Nähe des Comer Sees auf, in der die Ammans häufig Gäste empfingen. Wie alle Kinder ihres Standes wurden die Schwestern von einem Stab von Gouvernanten unterrichtet und erzogen, während die Mutter Lucia ihre Töchter mit romantischen Erzählungen und französischen Modemagazinen verwöhnte. Im Jahr 1894 starb die Contessa ...

aus einem der ältesten Adelsgeschlechter Mailands und hätte von nun an an seiner Seite ein beschauliches Leben führen können. Den Sommer verbrachte das Paar in den Schweizer Alpen, in den Winter- und Frühlingsmonaten vergnügten sie sich in der Villa Casati in Cinisello Balsamo oder in ihrem Mailänder Stadthaus in der Nähe des Doms, und zur Krönung des jungen Glücks wurde 1901 Töchterchen Cristina geboren. Die Rolle der sittsamen Gattin passte jedoch wenig zu Luisa Casatis rebellischem Charakter, der nun allmählich zum Vorschein kam und sich in halsbrecherischen Treibjagden zu Pferd und wilden Rasereien mit dem Auto äußerte. Unter dem Eindruck ihrer neuen Bekanntschaften entdeckte die Marchesa neue Vorlieben. Sie genoss den neuesten Klatsch, Gespräche über Kunst und Kultur, und sie beschäftigte sich leidenschaftlich mit Okkultismus, Zaubersprüchen, Telepathie und allem Mystischen.

Zur legendären Stilikone und Gastgeberin berühmter Feste wurde Luisa Casati jedoch erst, als sie dem italienischen Schriftsteller Gabriele D'Annunzio begegnete. Der kleinwüchsige Bonvivant mit dem kahlen Schädel hatte sich auf einem Jagdausflug in die sportlich elegante Erscheinung verliebt und setzte nun alles daran, sie für sich zu gewinnen. »Meine Pläne, ihr nahezukommen, waren wohldurchdacht«, erinnerte sich D'Annunzio später. Seine körperlichen Unzulänglichkeiten machte er erfolgreich durch Charme und kultiviertes Werben wett. Casati, die gelangweilt war von den Pflichten ihres Ehelebens, war begeistert von seiner Fantasie und seiner Selbstsicherheit, mit der er sich über alle gesellschaftlichen Konventionen hinwegsetzte, und sie begann eine stürmische Liebesaffäre mit dem 20 Jahre älteren Dichter. In ihren Kreisen waren außereheliche Liebeleien nichts Ungewöhnliches. Ihr Gatte hätte jedoch sicher entschiedener eingegriffen, wenn er geahnt hätte, zu welchen Exzessen der Dichter die bis dahin eher schüchtern auftretende Textilerbin inspirieren würde. D'Annunzio beflügelte die Kreativität der Marchesa, die sich nun unbedingt als Künstlerin betätigen wollte. Da es ihr jedoch bedauerlicherweise an einem speziellen Talent für eine bestimmte Kunstrichtung mangelte, stilisierte sie sich selbst zum Kunstwerk und begann mit der radikalen Umgestaltung ihrer äußeren Erscheinung. Ihre Augen umrandete sie effektvoll mit schwarzem Kajal wie die von ihr seit ihrer Jugend verehrte Frauenrechtlerin und Intellektuelle Principessa di Belgiojoso. Ein heller Puder verlieh ihr eine leichenhafte Blässe, und ihr braunes Haar färbte sie feuerrot nach dem Vorbild von Sarah Bernhardt. In Fragen der Mode vertraute sie nur noch ihren eigenen Inspirationen. Die Kreationen von Charles Frederick Worth, der die Damen des europäischen Hochadels ausstattete, waren zwar exklusiv, aber nicht exzentrisch genug für ihre Selbstdarstellung. Mit Vorliebe trug Luisa Casati Kleider aus venezianischer Spitze und Fortuny-Stoffen mit Ballonärmeln und langen Schleppen und betonte ihre schlanke Taille mit juwelengeschmückten Gürteln. Kostümbälle, zu Anfang des 20. Jahrhunderts der letzte Schrei in der höheren Gesellschaft, wurden zu ihrer neuen Leidenschaft. Im Jahr 1905 erschien sie in Rom an vier aufeinanderfolgenden Abenden in vier verschiedenen spektakulären Kleidern. Auf dem Pro-Infantia-Ball im Grand Hotel schlüpfte sie in die Rolle einer byzantinischen Kaiserin, am folgenden Abend beeindruckte sie mit einem Kleid aus weißer Spitze, einen Tag später ließ sie sich für den Baby Ball von den Illustrationen der Kinderbuchautorin Kate Greenaway inspirieren. In einem goldbestickten Kostüm sorgte sie am vierten Abend auf dem Hofball für Furore, zu dem das italienische Königspaar eingeladen hatte.

Ihre eigenen Kostümfeste sollten alles in den Schatten stellen, was es bisher gegeben hatte. Das neu erbaute Domizil der Casatis in Rom bildete vorerst den adäquaten Rahmen für Diners und Soireen. Neben Vertretern des italienischen Hochadels zählten zu Luisa Casatis Gästen immer öfter Künstler: der Pianist Arthur Rubinstein, die futuristischen Maler Alberto Martini und Filippo Tommaso Marinetti, Pablo Picasso, der Leiter des Ballets Russes, Sergej Diaghilew, sowie Giovanni Boldini, der die Marchesa mit zwei spektakulären Porträts verewigte. Die exquisite Einrichtung der modernen Villa in der Via Piemonte verschlug nicht nur den Kunstkennern den Atem. Venezianische Spiegel, Terrakottamedaillons und Reliefs aus Alabaster schmückten die Wände. Ebenholzböden, Samtvorhänge, Möbel mit Intarsien und Eisbärfelle komplettierten die kostbare Innenausstattung. Zur internationalen Legende wurde die Herzogin mit ihrem Umzug nach Venedig. Schon ihr erstes Erscheinen in der Lagunenstadt ging in die Annalen der Stadtgeschichte ein: Umhüllt von einem Cape aus rotem Brokat aus dem Textilatelier von Mariano Fortuny und eine schwarze Pelzmütze auf dem Kopf tragend, spazierte sie über die Piazza San Marco, gefolgt von ihrem schwarzen Diener Garbi, der einen Sonnenschirm aus Pfauenfedern über ihr schwenkte. Die Marchesa hatte den Palazzo Venier dei Leoni am Canal Grande gemietet und verwandelte das Innere des außen halb verfallenen Gebäudes in eine märchenhafte Kulisse wie aus Tausendundeiner Nacht. Vorhänge aus goldener Spitze vor den Fenstern schützten die Herzogin vor neugierigen Blicken. Murano-Lüster tauchten die luxuriöse Ausstattung in ein warmes Licht. Die Gäste ihrer penibel geplanten Abendveranstaltungen wurden nicht nur von brennenden Fackeln und weißen Pfauen auf den Fenstersimsen willkommen geheißen. »[Casati] stand auf der Treppe zu ihrem Palazzo […] mit einem Leoparden an jeder Seite […] Die Raubkatzen schnappten nach den ankommenden Gästen, und zwei als nubische Sklaven verkleidete Diener, die man mit Gold überzogen hatte, überlebten den exotischen Empfang nur mit knapper Not«, erinnerte sich der Bühnenbildner Oliver Messel an seine erste Begegnung mit »La Casati«, wie man sie in Venedig getauft hatte.

Die unglaublichsten Anekdoten kursierten über ihre Eskapaden. An einem Sommerabend soll sie sich schreiend – »Ich ersticke!« – mit einem Fleischmesser ihr Kleid vom Hals bis zum Saum aufgeschlitzt haben. Und Gäste, die sich nicht nach ihren Vorstellungen verhielten, wurden von ihren treuen Bediensteten kurzerhand vor die Tür des Palastes gesetzt, wie jener junge britische Adlige, der auf einem Ball der Marchesa eine britische Lady als die schönste Frau der Welt lobte und nicht mit der rasenden Eifersucht seiner Gastgeberin gerechnet hatte. Innerhalb von zehn Wochen veranstaltete Luisa Casati zehn kostümierte Wasserprozessionen und drei Maskenbälle in Venedig. Kein Preis war ihr zu hoch, um ihre Träume als perfekte Gastgeberin zu verwirklichen. Zu den größten Festen in ihrer Karriere als Königin der High Society gehörte zweifellos der Grande Ballo di Pietro Longhi, den sie auf der Piazza San Marco ausrichtete. Für die im Stile des 18. Jahrhunderts kostümierten Gäste aus ganz Europa erleuchteten 200 schwarze Diener in weißen Perücken und roten Frackmänteln mit Kandelabern den Weg zu den auf der Piazza verteilten Tischen in der Nähe des berühmten Caffè Florian. Der Bürgermeister und der Polizeipräfekt hätten der Veranstaltung aus politischen Gründen zugestimmt, munkelte man. Angeblich nutzte die italienische Regierung die Bälle der Casati, um geheime diplomatische Zusammenkünfte zwischen Botschaftern und Attachés zu ermöglichen.

»Was bedeutet schon Geld verglichen mit der Würde der Kunst? Nichts!«

Boldini
1908

S. 54: Giovanni Boldini (1842–1931), »Porträt der Marchesa Luisa Casati mit Windhunden«, 1908, Privatsammlung.

In den Sommermonaten setzte die Herzogin ihren ausschweifenden Lebensstil auf Capri fort. Viele Künstler und betuchte Homosexuelle genossen in den zwanziger Jahren auf dieser märchenhaft schönen Insel das milde Klima des Mittelmeeres. Luisa Casati hatte sich in die imposant auf einem Felsen gelegene Villa San Michele des schwedischen Arztes Axel Munthe eingemietet, der jahrelang vergeblich versuchte, seine exaltierte Langzeitmieterin mit den absonderlichen Gewohnheiten wieder loszuwerden: »[...] mein Verlangen danach, sie bei ihrer roten Perücke zu packen, zu skalpieren und ihren degenerierten Kadaver über die Klippen zu schleudern, ist stärker denn je«, machte er sich bei Freunden über seinen Unmut Luft. Die Herzogin frönte indessen unbeeindruckt ihren Leidenschaften. Gerüchten zufolge zelebrierte sie schwarze Messen und schlief in einem Sarg. Ihre Feste waren mit magischen Spielereien angereichert: Auf Knopfdruck bogen sich die im Garten wachsenden Palmen im Wind, den in der Loggia verborgene Ventilatoren erzeugten. In den Salons der Schönen und Reichen wurde zu Beginn der zwanziger Jahren mit allerlei Rauschmitteln herumexperimentiert – Kokainpulver, Morphiuminjektionen, Opiumpfeifen –, und man kann sich gut vorstellen, dass auch die Herzogin dieser Art von Zerstreuung nicht abgeneigt gewesen sein könnte. Mittlerweile war Luisa Casati zu einer bedeutenden Mäzenin für Modemacher und Maler avanciert. Zu ihrer Zeit wurde sie als »meistgemalte Frau Italiens« gefeiert. Boldini, Kees van Dongen, der Kostümbildner Léon Bakst, Augustus John, die Futuristen Fortunato Depero, Giacomo Balla, Alberto Martini, Federico Beltrán Masses und auch Romaine Brooks schufen Porträts von ihr und mühten sich ab, ihre schillernde Persönlichkeit auf die Leinwand zu bannen.

Der Niedergang der Marchesa und ihres luxuriösen Lebenswandels setzte schleichend ein. Nach dem Ersten Weltkrieg wurden weniger prunkvolle Bälle und festliche Dinner veranstaltet. Die alternde Grande Dame unternahm zwar einige letzte verzweifelte Versuche, in ihrem Palais de Rose bei Paris die alten Zeiten wieder aufleben zu lassen. Mittlerweile war das Vermögen der Herzogin jedoch erheblich geschrumpft. Ihre Anwälte drängten darauf, sich von ihren Residenzen in Monza, Mailand und Rom zu trennen, um ihre horrend hohen Rechnungen für vergangene Feste und Kostümanfertigungen begleichen zu können. Mit 50 Jahren war Luisa Casati eine hoch verschuldete Frau. Ende der dreißiger Jahre siedelte sie schließlich nach London über, wo sie während des Zweiten Weltkrieges und auch später auf die finanzielle Hilfe von treuen Gefährten aus ihrer glamourösen Vergangenheit und ihrer Enkelin bauen konnte. Am Ende ihrer Tage bewohnte sie ein einziges Zimmer in Beaufort Gardens 32. Doch selbst unter diesen eingeschränkten Bedingungen bewahrte sie ihre Lebenslust. Ihre Freunde bewirtete sie mit Dosenmahlzeiten. Und wenn sie wider Erwarten zu Geld gekommen war, rief sie diese an und fragte euphorisch: »Kaufen wir uns eine Flasche billigen Wein oder leisten wir uns ein Taxi?«

ELSA MAXWELL

1883–1963

*»Alles Geld der Welt macht keine gute Party [...]
Ich habe Feste gefeiert, als ich nur zwei Pennys hatte [...]«*

Mit Superlativen beschreibt man die legendärste von allen Gastgeberinnen des 20. Jahrhunderts am allerbesten. Denn Elsa Maxwell hielt mit ihren Partys über 50 Jahre lang die High Society auf der ganzen Welt in Atem. Sie organisierte Feste in New York, Hollywood, London, Paris, Monte Carlo, Cannes, Biarritz, Venedig und Ägypten – und das zu einer Zeit, als man sich längst noch nicht in Blitzgeschwindigkeit im Privatjet von Kontinent zu Kontinent bewegte. In Schlössern, Ballsälen, privaten Wohnungen und in der Wüste unter freiem Himmel feierte sie mit ihren illustren Gästen. Alles, was Rang und Namen hatte, stand auf Elsas Einladungslisten: der gesamte europäische Hochadel, Könige und Königinnen, vier amerikanische Präsidenten von Roosevelt bis Kennedy, Hollywoodstars wie Marilyn Monroe und Clark Gable und die größten Musiker des 20. Jahrhunderts. Und wenn ein Herr oder eine Dame von Rang nicht ihren hohen Ansprüchen an Moral und Menschlichkeit genügte, wurde er oder sie ignoriert. So erging es König Faruk I. von Ägypten, Benito Mussolini und Adolf Hitler, den Maxwell 1931 bei einer Abendeinladung während der Wagner-Festspiele in Bayreuth kennengelernt hatte. »Ich hatte während des Essens einen sehr mürrischen und schweigsamen Nebenmann, der sich offenbar beleidigt fühlte, weil er nicht Mittelpunkt der Gesellschaft war«, erinnerte sich die Achtzigjährige an ihren wenig zuvorkommenden Tischnachbarn.

Bis auf wenige Ausnahmen lagen alle Menschen dieser Frau zu Füßen, die, wenn man es realistisch betrachtet, mit ihren eng stehenden dunklen Augen, den buschigen Augenbrauen, den schmalen Lippen und ihrer enormen Körperfülle nicht gerade als schön gelten durfte, aber mit ihrer Lebensfreude und ihrem natürlichen Witz einfach mitreißend wirkte. »Ich muss unter einem ganzen Schwarm guter Ster-

S. 56: Beste Freundinnen: Elsa Maxwell und Maria Callas mit Kollegen hinter der Bühne des Teatro alla Scala in Mailand, 1957.

ne geboren worden sein. Anders kann ich mir mein turbulentes, verrücktes und von vielen beneidetes Leben einfach nicht erklären«, resümiert sie in ihren Memoiren, die sie kurz vor ihrem Tod dem deutschen Journalisten Bernd Ruland in die Feder diktierte.

»Überrasche deine Gäste!«, lautet der vielleicht beste Rat der erfahrenen Partyqueen, die über 2000 Feste feierte und rund 8000 Essen ausrichtete. Was Maxwell damit meinte? Ganz einfach: Spiele, die sie sich ausdachte, um ihre Gäste aus der Reserve zu locken. Denn »Essen und Trinken machen noch lange keine gute Party«, wie vielleicht viele auch aus eigener Erfahrung wissen. So stellte Maxwell in den dreißiger Jahren auf einer kleinen Gesellschaft von illustren Hollywoodstars, zu der auch die vielleicht größten Herzensbrecher aller Zeiten, Clark Gable, Douglas Fairbanks, Gary Cooper und Cary Grant, gehörten, den anwesenden Herren die Aufgabe, mit einem einfachen Ballen Stoff auf den Körper eines Mannequins ein Kleid zu improvisieren. Dem Gewinner winkte eine goldene Armbanduhr. Zu den originellsten Mottopartys, die sich Maxwell im Laufe ihrer Karriere ausdachte, gehörte jedoch die »Mörderparty«, die sie bereits einige Jahre zuvor zur feierlichen Einweihung von Lady Ribblesdales neuem Domizil in St. James ausgerichtet hatte. Ihr Plan sah vor, während des Dinners den Mord an der jungen und hübschen Zita Youngman zu fingieren und dann den ahnungslosen Herzog von Marlborough von Schauspieler-Polizisten als Mörder zu entlarven, um damit die feine Partygesellschaft ordentlich an der Nase herumzuführen. Schon zwei Wochen vor dem Termin reiste Maxwell an und platzierte kryptische Liebesbotschaften in den Anzeigenteilen der Londoner Tageszeitungen, die sie mit M. unterzeichnete. Als dann die 60 Gäste in Abendgarderobe versammelt waren, klappte alles wie am Schnürchen. An der großen Festtafel blieb der Platz der jungen Zita Youngman leer. Als sie beim Dessert immer noch nicht aufgetaucht war, schlug die Hausherrin besorgt vor, doch einmal auf ihrem Zimmer nachzusehen. Blutüberströmt fand die illustre Runde das hübsche Mädchen auf seinem Bett. Die Aufregung war unbeschreiblich, als die drei als Polizisten verkleideten Schauspieler den Herzog von Marlborough als Mörder abführen wollten. Geschickt wie eine Taschendiebin, hatte Elsa Maxwell ihm während des Dinners zwei Zigaretten des angeblichen Opfers in sein Etui geschmuggelt, die nun als Beweisstücke fungierten. Wie vom Donner gerührt sank der Beschuldigte in einen Sessel. Die äußerst gespannte Situation löste sich erst auf, als das Licht nach einem kurzen Stromausfall wieder aufflammte und die angeblich Tote quicklebendig der Partygesellschaft entgegentrat.

In die Geschichte des französischen Gesellschaftslebens ging auch die Fête champêtre ein, die Maxwell 1931 im Auftrag von Baron Nicky de Gunzburg auf dessen Landsitz im Bois de Boulogne bei Paris organisierte. 400 als Bauern verkleidete Gäste gaben sich ein Stelldichein. Der französische Bühnen- und Kostümbildner Christian Bérard hatte das Anwesen mit Stoffen, Bildern und vielen bäuerlichen Accessoires in ein prachtvolles Bauernhaus verwandelt. Cole Porter komponierte ein Stück für das Fest, das von einem Orchester zum Auftakt des Abends gespielt wurde, und Serge Lifar, einer der größten Tanzstars und Choreografen der dreißiger Jahre, trat in einem goldenen Kostüm als Zeremonienmeister auf. Eine ganze Ausgabe widmete das französische Kunstmagazin *L'Illustration* der rauschenden Party, die ein Vermögen kostete. Dennoch bestand Elsa Maxwell immer auf ihrem Standpunkt: »Alles Geld der Welt macht keine gute Party. Du machst sie. Ich habe Feste gefeiert, als ich nur zwei Pennys hatte – verrückte, alberne Partys wie die, bei der eine Gruppe von Ministern wohl den größten Spaß ihres langweiligen Lebens hatten, als sie Federpusten spielten.« Elsa Maxwells Biografie ist voll von Anekdoten, die Stoff für eine Hollywoodkomödie böten.

Einen Sinn für den großen Auftritt bewies sie schon, als sie in Keokuk in Iowa das Licht der Welt erblickte. Der einzige Spross eines Versicherungsmaklers wurde in einer Theaterloge geboren, während auf der Bühne die Oper »Mignon« aufgeführt wurde. Ihr Schrei sei »der einzig richtige Ton während der Vorstellung« gewesen, scherzte ihr Vater einmal, der sich neben seiner Büroarbeit abends als Musikkritiker betätigte. Schon als Kleinkind lernte das musisch begabte Mädchen Klavier spielen. »Meine Eltern feierten mich als Wunderkind, als ich mit vier Jahren Passagen aus Lohengrin spielte.« Nach dem Tod ihres Vaters verdiente Maxwell ihr erstes Geld als Pianistin in einem großen Kino in New York. Zu Stummfilmen spielte die Vierundzwanzigjährige zwölf Stunden pro Tag, was ihr gerade in den Sinn kam, und das Publikum war begeistert von ihren Improvisationen.

Den Wendepunkt in ihrem Leben markierte ihre Begegnung mit der Schauspielerin Marie Doro, die so begeistert war von Elsa Maxwells geselligem Wesen, dass sie sie als »guten Hausgeist« und musikalische Begleiterin auf ihren Reisen engagierte. Auf den unzähligen Partys, zu denen der umschwärmte Broadwaystar viele prominente Persönlichkeiten einlud, sorgte Maxwell mit ihrem Klavierspiel für ausgelassene Stimmung. Zwei Jahre später reiste sie als professionelle Klavierspielerin mit der Sängerin Dorothy Toye nach Südafrika und fand sich gleich an ihrem ersten Abend auf einer Party des Gouverneurs von Kapstadt wieder, wo sie mit dem General des Burenkrieges, Louis Botha, Wiener Walzer tanzte und auch von allen anderen Honoratioren der Stadt aufgrund ihres sprühenden Charmes herzlich aufgenommen wurde. Maxwell verkehrte von nun an ganz gezielt mit Millionären, Offizieren und Politikern. Zu ihren besten Freunden gehörten Sir Lionel, ein Goldminenmagnat aus England, und seine Gattin Florence, der sie dabei behilflich war, ihr Geld in Theater, Kunst, Musikfestivals und rauschende Feste zu investieren. »Ich war Berufsklavierspielerin. Jetzt wurde ich ein Mensch, der Jagd auf Berühmtheiten machte [...]«

Erst nach eineinhalb Jahren führte sie ihr Weg wieder nach Europa. In London verdingte sich die talentierte Musikerin erfolgreich als Komponistin. Fast 40 Stücke verfasste sie in ihrer Londoner Zeit. Für die amerikanische Varietésängerin Grace La Rue schrieb sie den Erfolgsschlager »Tango Dream«. Außerdem verfasste sie ein Kriegslied für England mit dem Titel »The British Volunteer«.

Während des Ersten Weltkrieges kehrte Maxwell zurück nach Amerika und machte sich in ihrer Heimat als Partyqueen unentbehrlich. Keine Veranstaltung in New York ohne die Stimmungskanone Elsa, keine Wohltätigkeitsveranstaltung, die sie nicht gemanagt hätte. Selbst der ehemalige Präsident Teddy Roosevelt verpflichtete Elsa Maxwell bei einigen Veranstaltungen als seine persönliche Assistentin.

Ihre Karriere als professionelle Partyorganisatorin im Dienste der internationalen High Society startete der »Gesellschaftselefant«, wie sie sich selbst gerne nannte, in den zwanziger Jahren in Europa. Mit Unterstützung von Lady Colebrook richtete sie im Pariser Grand Hotel Ritz zu Ehren des englischen Ministers Arthur Balfour ihr erstes feierliches Dinner mit hochrangigen Gästen wie dem Großfürsten Alexander von Russland und Prince de Polignac aus, was so gut gelang, dass sie sich von da an vor Folgeaufträgen nicht mehr retten konnte. »Die Herde der prominenten Vergnügungssüchtigen lief mir mit großen Schritten nach«, erinnerte sie sich, »man hielt mich für eine wichtige Persönlichkeit und betrachtete mich als unentbehrliches Super-Faktotum für fröhliche Feste.« Ein besonders schönes Abendessen veranstaltete sie 1921 für Königin Marie von Rumänien am Strand des Lido in Venedig. Und wenn Maxwell nicht gerade eigene Feste organisierte, war sie ein willkommener Gast bei Soireen und Kostümfesten von Lady Colefax bis Cole Porter. Auf ein festes Einkommen war Maxwell nicht angewiesen, denn ihre beste Freundin Dorothy Fellowes-Gordon, zärtlich »Dickie« genannt, sorgte fast mütterlich für ihr Auskommen. Mit ihrer finanziellen Unterstützung gründete Maxwell gemeinsam mit dem Modeschöpfer Edward Molyneux sogar zwei Nachtclubs in Paris, zuerst das Acacia und später Le

S. 60/61: Von Fotografen umlagert wurden Elsa Maxwell (Mitte) und die italienische Schauspielerin Gina Lollobrigida (winkend) bei einem Fest im Juli 1958 im Berliner Funkturm während der VIII. Internationalen Filmfestspiele in Berlin.
S. 62: Girls Talk: Marilyn Monroe und Elsa Maxwell auf dem Paris Ball in New York, April 1957.

jardin de ma sœur. Beide Etablissements waren äußerst erfolgreich, mussten jedoch trotzdem schließen, da die Ausgaben für Bühnenstars und Dekoration die Einnahmen übertrafen. Josephine Baker startete ihre Karriere im »Garten meiner Schwester«. Maxwell liebte Jazzmusik und rühmte sich später oft, dass sie viele amerikanische Jazzhits durch ihr Klavierspiel in Europa erst populär gemacht habe. »Oft habe ich stundenlang eine One-Man-Show gegeben und wurde jedes Mal wie ein Star gefeiert.«

In den dreißiger Jahren war die pummelige Partyqueen so berühmt, dass ihr die großen Modehäuser Kleider stifteten und Fluggesellschaften sie kostenlos transportierten, da sie für positive Publicity sorgte. Sie verkehrte mit Künstlern wie dem Pianisten Arthur Rubinstein, dem Schriftsteller William Somerset Maugham, den Choreografen Diaghilew und Nijinsky, und sie stiftete so manche Romanze: Rita Hayworth lud sie zu einem Essen mit Prinz Ali Kahn ins Palm Beach Casino in Cannes ein, die Woolworth-Erbin Barbara Hutton schleppte sie mit zu einer Party, wo sie den Fürsten Prinz Alexis Mdivani kennenlernte, und sie stellte Maria Callas Aristoteles Onassis vor, auf dessen Yacht Maxwell oft als Ehrengast durch die Ägäis reiste. Der smarte Zeitungsmagnat William Randolph Hearst verpflichtete Maxwell 1940 für eine Gesellschaftskolumne, in der sie über all ihre berühmten Freunde schreiben durfte. Ihre Weisheiten als Gastgeberin fasste Maxwell kurzweilig und prägnant in ihrem Buch »How to Do It. The Lively Art of Entertaining« zusammen: die Einladung, die Gästeliste, den Einkauf, das Geschirr, die Menüfolge, die Beleuchtung, den Blumenschmuck, die Begrüßung und Verabschiedung. »Eine gute Party passiert nicht aus heiterem Himmel. Wenn ich einlade, dann plane ich jedes Detail im Voraus. Beginne deine Party mit einer Liste. Und vertraue nie deinem Erinnerungsvermögen«, rät Maxwell allen, die sich als Gastgeber versuchen wollen. Die von ihr aufgezählten Partykiller sind noch heute genauso aktuell wie vor über 50 Jahren: Zu viel Alkohol und Spott verderben die Stimmung. Maxwell erfand lieber lustige Spiele und berichtet in dem Kapitel »Analyzing Some Parties« von ihren erfolgreichsten Ideen. »Wichtig ist, dass sich eine Party aus einer lustigen und spritzigen Gesellschaft zusammensetzt, wie verrückt auch immer, es gibt dann viel weniger sinnloses Betrinken und stattdessen ein viel größeres Vergnügen für jeden.«

Als Elsa Maxwell 1963 starb, hinterließ sie kein Vermögen, obwohl sie mit den reichsten Menschen der Welt verkehrt hatte. Ihr Vermächtnis sind die vielen einzigartigen Erinnerungen, die sie als perfekte Gasgeberin ihren Gästen schenkte.

DIANA VREELAND

1903 – 1989

»Meine liebsten Dinnergäste sind Engländer, weil sie nie lachen. Mich fasziniert die Stimmung, die sie durch ihre Sprache entstehen lassen.«

Wer in ihr Apartment an der Park Avenue eingeladen wurde, sah erst einmal Rot. Blutrot, Knallrot, Karmesinrot, Orangerot, Rosarot, Rubinrot, Weinrot. Die Wände des Salons waren mit roten Stofftapeten mit einem persischen Blumenmuster ausgeschlagen, das Sofa leuchtete purpur, Rot dominierte bei allen Kissen und Vorhängen, und auch die Teppiche im Flur und im Salon waren rot. »Ich wollte, dass meine Wohnung aussieht wie ein Garten«, erklärte Diana Vreeland ihren überwältigend farbenprächtigen Einrichtungsstil, »aber wie ein Garten in der Hölle!«

Für die richtige Farbe hatte die 1903 in Paris geborene Modelegende ein absolut untrügliches Gespür. 1936 hatte ihr Carmel Snow allein aufgrund ihrer stilvollen Erscheinung einen Job bei *Harper's Bazaar* angeboten. »Ich bin nie vor Mittag angezogen«, wendete die lebenslustige Societylady und Mutter von zwei kleinen Söhnen, die noch nie ein Büro von innen gesehen hatte, das Angebot erst einmal bescheiden ab. Doch dann willigte sie ein, und schon bald begeisterte sie die Leser mit ihren manchmal absurden, aber immer charmanten Vorschlägen für ein stilvolles Leben in ihrer Kolumne »Why Don't You ...«: »Warum waschen Sie die blonden Haare Ihrer Kinder nicht mit abgestandenem Champagner, wie es die Franzosen tun?«, lautete eine der Fragen. Oder: »Warum malen Sie nicht eine riesige Weltkarte an alle vier Wände des Kinderzimmers, um zu vermeiden, dass sie mit einem provinziellen Blickwinkel aufwachsen?«

Hineingeboren in wohlhabende Verhältnisse, profitierte Vreeland von ihren Erfahrungen, die sie in der High Society von Paris und New York gesammelt hatte. Ihre Mutter Emily Key Hoffman pflegte nicht nur einen flamboyanten Kleidungsstil, sondern auch einen ebenso ausschweifenden Lebensstil. Sergei Diaghilew und Vaslav Nijinsky gehörten zu

S. 64: Cecil Beaton fotografierte die Modeikone Diana Vreeland 1954 in ihrem New Yorker Apartment.
S. 67: Von vielen Künstlern verehrt: Diana Vreeland und Andy Warhol auf der Ausstellung »Folk and Funk – Andy Warhol's Folk Art World« im Museum of American Folk Art, New York, 1977.

ihren Gästen genauso wie die Tänzerin Ida Rubinstein, der sie ein Entree in die Theaterwelt verschaffte. Die Amouren der attraktiven Mutter ignorierte Vater Frederick Young Dalziel großzügig. Es galt als unschicklich, über Persönliches zu sprechen. Erwartet wurde vielmehr, dass man sich stets im besten Lichte präsentierte. Da Diana Vreeland im Gegensatz zu ihrer Mutter und zu ihrer jüngeren Schwester Alexandra nicht mit den Attributen einer klassischen Schönheit gesegnet war, gewöhnte sie sich schon als Kind an, mit geistreichem Charme zu punkten. »Ich war immer ihr hässliches kleines Entlein«, erinnerte sie sich, ohne jedoch davon einen Minderwertigkeitskomplex zu bekommen. Stattdessen betonte Vreeland selbstbewusst ihre markanten Gesichtszüge. Auf ihre hohen Wangenknochen trug sie dick Rouge auf, und das schwarze Haar frisierte sie aus dem Gesicht, um ihre Adlernase noch mehr zur Geltung zu bringen. Zu ihrem Debütantinnenball hatte sie sich ein weißes Kleid mit Fransen nach dem Vorbild von Paul Poiret schneidern lassen, ihre Haut mit Puder weißer als weiß geschminkt. Als Kontrast dienten rote Kamelien, die sie von ihren zahlreichen Verehrern bekommen hatte. »You gotta have style«, lautete Vreelands Lebensdevise. »Es hilft dir, morgens aufzustehen. Es ist eine Art Lebensstil. Ohne Stil bist du ein Nichts.«

Ihre Leidenschaft für Mode zum Beruf machen zu dürfen war das Beste, was dieser smarten Frau passieren konnte. 40 Jahre prägte sie bei *Harper's Bazaar* und später bei *Vogue* den Geschmack der amerikanischen Ladys. Sie schickte Models und Fotografen in die Welt hinaus, um ihre Leserschaft mit spektakulären Aufnahmen zu überraschen. Für jede neue Magazinausgabe hatte sie eine neue Vision, und die meisten davon wurden zu Modediktaten des 20. Jahrhunderts. Als Erste castete sie Lauren Bacall, die daraufhin in Hollywood Karriere machte. 1947 bildete sie den ersten Bikini ab. »Besorgt mir einen Schuh mit einer Kette darauf!«, lautete eine ihrer Forderungen, als sie gegen Mittag in die Redaktion kam. So etwas gab es damals gar nicht, aber einige Wochen später trugen alle diese Art von Schuhen. »Vor ihr waren Moderedakteurinnen irgendwelche Damen der Gesellschaft, die anderen Damen der Gesellschaft Hüte aufsetzten«, würdigte Fotograf Richard Avedon ihre großartigen Leistungen als Trendsetterin. Vreeland erklärte ihr exzessives Interesse für schöne Kleider mit ihrer Herkunft: »Wer in Paris geboren ist, kann die Mode keine Minute vergessen.«

Bis halb acht Uhr abends verbrachte Diana Vreeland ihre Tage im Büro, dann schlüpfte sie in glitzernde Roben, um die Bars und Ballsäle von New York zu erobern. An der Seite ihres attraktiven Ehemannes Reed, den sie 1924 geheiratet hatte, führte sie ein ausschweifendes Nachtleben, von dem sie auch ausführlich in ihren amüsant geschriebenen Memoiren schwärmt. Diana und Reed waren zu Gast bei Louis und Lulu van Rensselaer, bei Baron Rodolphe d'Erlanger, bei Magazinmagnat Condé Nast, dem Duke of Windsor in Moulin, Millicient Rogers und ihrem Gatten Bill Hearst, bei Starfotograf Cecil Beaton und Cole Porter. »Das war eine Generation!«, schwärmte Vreeland. »Wir sprechen von der Martini-Ära. Damals stiegen die Herren aus dem Wagen, um einen zur Haustür zu begleiten, sie schwankten ein wenig und fielen auf den

Bürgersteig. Man selbst ging ins Haus, und sie blieben auf dem Bürgersteig liegen.«

Zu den Gästen, die sie selbst auf ihrem Landsitz in Brewster oder in ihrem New Yorker Apartment empfingen, gehörten russische Adlige wie Natalia Pawlowna Paley und Serge Obolensky, Protagonisten der jüdischen und europäischen Gesellschaft und natürlich die großen Stars der Modebranche wie der Schmuckdesigner Fulco di Verdura, Jeanne Toussaint von Cartier und der amerikanische Modedesigner Main Rousseau Bocher.

»Jean-Pierre Aumont kam zu Besuch, und Elsa Schiaparelli war Dauergast. Sie und meine Mutter stickten gemeinsam«, erinnerte sich Sohn Frecky lebhaft an seine Sommerferien. In »Shocking Pink« hatte die Modeexpertin das Wohnzimmer in Brewster streichen lassen, und jede Tür leuchtete in einer anderen Farbe. Während Diana für die illustre

Gästeliste verantwortlich war, kümmerte sich Reed um Speisen und Getränke. »Ich verstehe nichts vom Essen«, gab die Business-Mutter freimütig zu, »Reed war der Kenner, wenn es um Essen ging, er war auch derjenige, der unsere Menüs plante.«

Intime Partys und unterhaltsame Gespräche bei Tisch schätzte Diana Vreeland besonders, weshalb sie die Engländer, bekanntermaßen Meister der gepflegten Konversation, zu ihren liebsten Dinnergästen zählte. »Ihre geistreiche Art ist einfach unwiderstehlich«, schwärmte sie. »Ein spontan geistreiches Gespräch ist zweifellos die großartigste Unterhaltung überhaupt.«

Für konservative Gastgeberrituale hatte die rebellische »Empress of Fashion« nichts übrig: »Alle achten viel zu sehr darauf, dass eine gerade Anzahl von Gästen geladen ist – ›Oh mein Gott, ich habe keinen Tischnachbarn für Soundso.‹ Lächerlich. Eine gerade Anzahl von Gästen hat noch keinen Abend zum Erfolg geführt«, wetterte sie gegen diese Konvention. Hilfreich ist natürlich, wenn eine exaltierte Stimmung in der Luft liegt, etwas Überspanntes oder Außergewöhnliches. Greta Garbo versprühte unweigerlich Funken, die alle am Tisch ansteckten. Sie schwärmte für Sprache und nannte niemanden beim Vornamen. »Mrs Vriiieeeeelanddddd«, betonte sie immer übertrieben den Nachnamen ihrer Freundin. Außerdem schlüpfte die Schauspielerin mit Vorliebe in Reeds edle Mäntel und ging damit in der Wohnung auf und ab.

Die kapriziösen Verhaltensweisen ihrer illustren Freunde konnten die geübte Gastgeberin nicht aus der Ruhe bringen. Das beweisen die zahlreichen Anekdoten, die Vreeland über ihre Feste zu erzählen wusste, wie diese über Coco Chanel: Sie würde die Einladung zum Abendessen nur annehmen, wenn sie nicht zu reden brauchte, ließ Coco Chanel Vreeland, die von Anfang an zu ihren Kundinnen in Paris gehört hatte, ausrichten. Doch statt zu schweigen, plap-

S. 68: Jetsetlady Slim Hawks (links) im Gespräch mit der Fashionqueen und ihrem Ehemann Reed auf einer Park-Avenue-Silvesterparty, New York, 1952.

perte Coco dann doch ohne Unterbrechung und schlug während des Essens sogar vor, Helena Rubinstein dazuzubitten, die der Einladung spontan folgte. Zum Erstaunen der Gastgeberin zogen sich Chanel und die ebenso erfolgreiche Kosmetikunternehmerin in Reed Vreelands Zimmer zurück, wo sie sich den Rest des Abends allein unterhielten. »Ich sah immer mal wieder zu ihnen hinein. Sie setzten sich nicht. Wie Männer unterhielten sie sich geschlagene vier Stunden im Stehen.«

»You gotta have style. Ohne Stil bist du ein Nichts.«

Wer zum Freundeskreis der Modequeen gehörte, konnte sich geadelt fühlen. Doch erst in den siebziger Jahren erreichte der Kult um sie den absoluten Höhepunkt. In einem Alter, in dem andere ihren Lebensabend genießen, begann Diana Vreeland ihre Karriere als Ausstellungskuratorin und hauchte mit ihren großartigen Schauen über Modeschöpfer und historische Epochen der ehemals verstaubten Kostümabteilung des Metropolitan Museums in New York neues Leben ein. 14 Ausstellungen in 14 Jahren. Mit »The World of Balenciaga« begann Vreeland 1973 die Ausstellungsserie, ein Jahr später folgten »Romantic and Divine Hollywood«, 1976 »The Glory of Russian Costume« und 1977 »Vanity Fair«. Das Museum feierte nicht nur neue Besucherrekorde in den Sälen, die zuvor nur Designer und Modestudenten angesehen hatten. Vreeland motivierte auch viele ihrer steinreichen Freundinnen zu großzügigen Schenkungen aus ihren Kleiderkollektionen.

»Diiiaaann, how diiiiviiiinee!« schlug es der talentierten Kuratorin auf den Vernissagen entgegen, die zu New Yorks größten Society-Events gehörten. Freunde aus Warhols Factory rissen sich um ihre Gesellschaft. »Jeder wollte von ihr zum Dinner eingeladen werden«, erinnerte sich ein Warhol-Anhänger. »In ihrem dschungelroten Apartment war Platz für acht Gäste, aber die Anzahl der Gäste war das Einzige, was an einem Vreeland-Abend klein war. Essen, Blumen, Räucherstäbchen und Kerzen, dazu ein Überfluss von Bildern, Tabakdosen, Duftkissen, die in den Räumen wucherten, während der Wodka und die Unterhaltung flossen.«

In den achtziger Jahren ließ Diana Vreelands Sehkraft so stark nach, dass sie fast erblindete. Sie habe zu viel Schönes gesehen, lautete ihre Erklärung. Immer mehr zog sie sich zurück. Gegen Ende ihres Lebens, so ihr Sohn Frecky in einem Interview, blieb sie im Bett, wenn sie Gäste zum Essen eingeladen hatte, aber selbst nicht wohlauf war. Das Dienstmädchen habe die Gäste bedient, die sich durch die geschlossene Tür mit ihrer Gastgeberin unterhielten. »Mom wollte nur gesehen werden, wenn sie mit Volldampf fuhr«, erklärte er das ungewöhnliche Gebaren seiner legendären Mutter, das nur diejenigen für unhöflich hielten, die sie nicht kannten.

PERLE MESTA

1889 – 1975

»Ich liebe es, kontroverse Themen auf den Tisch zu bringen.«

Es gibt nicht viele Frauenbiografien, die Stoff für ein Broadway-Musical liefern. Perle Mestas Lebensgeschichte jedoch bot genau die richtige Mischung für einen Kassenknüller. Eine Millionärs-Witwe schafft den Sprung aufs politische Parkett nach Washington und wird als erste Frau in der Geschichte Amerikas als Botschafterin nach Luxemburg gesandt, wo sie mit ungewöhnlichen diplomatischen Methoden und rauschenden Partys die Herzen von Staatsmännern erobert. 1950 wurde »Call me Madam« in New York uraufgeführt. Präsident Harry S. Trumann riet Mesta eindringlich, nicht zur Premiere zu fahren. Diese schaute es sich später doch an und erkannte sich in vielen Beschreibungen wieder: »Ich übersprang Dienstwege und ging direkt zum Präsidenten, wenn ich wollte, dass Dinge erledigt werden. Und genauso wie Sally Adams [im Musical] hatte ich einen Ruf als Gastgeberin.«

Perle Mesta hatte schon ein bewegtes Leben hinter sich, bevor sie sich in Washington einen Namen als engagierte Wahlkämpferin, Frauenrechtlerin und einflussreiche Gastgeberin machte. Geboren in Michigan, zog ihre Familie nach dem Tod der Mutter nach Oklahoma City. Vater Bill Skirvin hatte mit Immobilien und Öl ein Vermögen gemacht und errichtete dort ein Luxushotel, das seinerzeit als das größte und beste im ganzen Bundesstaat und im gesamten Südwesten der USA gerühmt wurde. Bei Fertigstellung des Gebäudes 1911 hatte es 300 Zimmer und der Ballsaal fasste 500 Personen. Heute gehört das Hotel der Familie Hilton, die schon zu Lebzeiten von Skirvin das Hotel übernehmen wollten. Perle, ihr Bruder William und die kleine Schwester Marguerite bewohnten eine Suite und verbrachten die schulfreie Zeit in der Luxusherberge. Neben reichen Familien war das ›Skirvin‹ ein Treffpunkt für Politiker, Republikaner und Demokraten, Ölmillio-

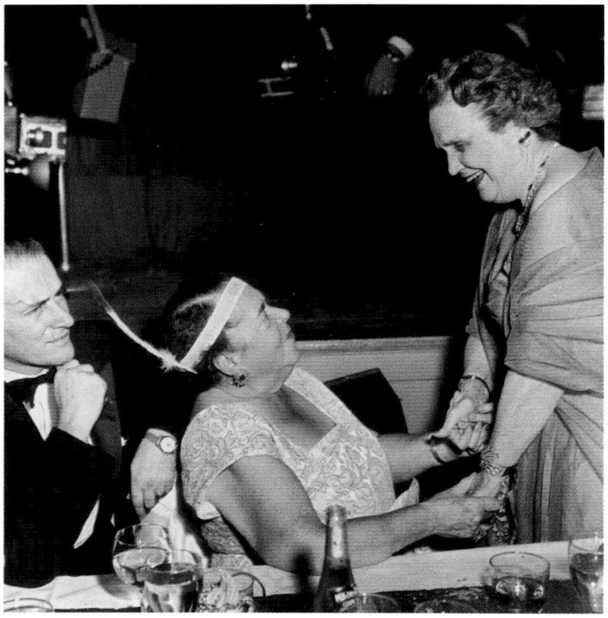

näre, Rinderzüchter und auch Indianer, die in der Lobby Nüsse knabberten.

Zum Musikstudium zog Perle erst nach Chicago, dann nach New York, wo sie sich sorgenfrei ins gesellschaftliche Leben stürzte. 1915 lernte sie den Stahlmagnaten George Mesta kennen, der im Ersten Weltkrieg Geschützrohre für Schiffe produzierte und als Berater für Präsident Wilson fungierte. Mit der Hochzeit 1917 folgte der Umzug nach Pittsburgh in ein Herrenhaus mit Blick auf die schmauchenden Schornsteine der Produktionsstätten. Kein schöner Ort. Mesta jammerte nicht, sondern suchte sich eine sinnvolle Aufgabe: Für die Arbeiterfamilien organisierte sie eine Kinderbetreuung und gründete eine Krankenstation.

So oft wie möglich begleitete sie George Mesta in ihr gemeinsames Appartement in Washington, wo sie sich frei fühlte, Partys gab und noch mehr Partys besuchte. »Eine Institution in diesen Tagen war der Tanztee in dem großen, überladenen Haus von Mrs. Thomas Walsh«, erinnert sich Mesta in ihren Memoiren.« Bei der Senatorenwitwe John Hendersons wurden weder Alkohol noch Fleisch serviert. Trotzdem folgten alle, Regierungsmitglieder und Botschafter, ihren Einladungen. »Auf diesen Partys begriff ich, welchen politischen Einfluss man als Gastgeberin in Washington ausüben kann, indem man die richtigen Leute zur richtigen Zeit zusammenbringt.«

Als George Mesta 1925 überraschend an einem Herzinfarkt starb, brach für Perle eine Welt zusammen. Ein paar Jahre zog die unglückliche Millionärswitwe ruhelos von Boston nach New York, kaufte ein Haus in Newport und unternahm Reisen nach Europa. Bis sie Ende der dreißiger Jahre genug hatte von den oberflächlichen Vergnügungen und ihre Berufung als politische Gastgeberin entdeckte. Es war alles vorhanden, was sie dazu benötigte – Privatvermögen und viele Kontakte zu Politikern, wie Ike Eisenhower, aus ihrer Zeit in der Hauptstadt und im Hotel in Oklahoma City. Durch ihre Mitgliedschaft in der National Woman's Party, die sich für die Gleichberechtigung einsetzte, änderte sich jedoch ihre politische Gesinnung. Mesta wechselte von den Republikanern ins Lager der Demokraten. Ihr Favorit war Harry S. Truman. Als dieser noch Senator war, organisierte sie ihm zu Ehren einen Empfang im Skirvin Hotel. 1945 richtete sie im Sulgrave Club in Washington (heute noch eine gefragte Partylocation) ein opulentes Dinner für den frisch gekürten Vizepräsidenten aus. »Die besten Darbietungen kamen von den Gästen selbst«,

S. 70: Perle Mesta, eine Frau von Welt. Die Amerikanerin wurde als erste Frau in der Geschichte Amerikas als Botschafterin nach Luxemburg gesandt.
S. 72: Gemeinsam mit der Amerikanischen Journalistin und Schriftstellerin Elsa Maxwell auf einer Party in den fünfziger Jahren.

erinnert sich die Gastgeberin: »Rosa Ponselle sang einige Arien und überredete dann den Vize-Präsidenten, sie zu begleiten...«

In den vierziger und fünfziger Jahren galten Perle Mestas Feste in Kreisen der Politikprominenz als gesellschaftliche Großereignisse, über die ausführlich in der Presse berichtet wurde. War man bei ihr eingeladen, hatte man es in den Inner Circle der Washingtoner Society geschafft. Um Projekte, an denen sie interessiert war, vorwärts zu bringen, lud sie gezielt Politiker und Entscheidungsträger ein, um diese ins Gespräch zu bringen. Eine besondere Herausforderung für jede gute Gastgeberin in Washington war die strenge Etikette und das vom Weißen Haus herausgegebene Protokoll für die Sitzordnung der Regierungsmitglieder und anderer politischer Amtsinhaber. Als Truman 1948 wieder gewählt wurde, übertrug man Mesta die ehrenvolle Aufgabe, den *Inaugural Ball* zu organisieren. Aber es kam noch besser: Der Präsident bat sie, als erste Botschafterin der USA nach Luxemburg zu gehen. Nur aus Freundschaft und als Dank für die finanzielle Unterstützung der Demokraten, habe der Präsident ausgerechnet Mesta auserwählt, unkte die Presse. »Meinen Frau Minister, dass Parties den Kalten Krieg entschärfen können?« fragte frech ein Journalist, dem sie ein Interview gewährte.

»Eine exzellente Methode eine Party lebendig zu machen, ist, zwei politische Kontrahenten möglichst nah zusammen zu setzen.«

Mesta übernahm von 1949 bis 1953 den diplomatischen Dienst in dem kleinen, vom Zweiten Weltkrieg in Mitleidenschaft gezogenen Großherzogtum. Im September 1944 hatten US-amerikanische Soldaten Luxemburg erstmals befreit, im Dezember folgte die Ardennenoffensive der Deutschen, die jedoch 1945 am Widerstand der Alliierten scheiterte.

Den Kontakt zu den in Westeuropa stationierten GIs machte sie gleich zu Anfang ihrer Mission zu ihrem Anliegen. Einmal im Monat öffnete sie ihr Haus für amerikanische Soldaten. Als Einmischung in interne Angelegenheiten wurde ihr Get-together aller Bürgermeister des Großherzogtums kritisiert. Diese freuten sich hingegen über die Gelegenheit, sich auszutauschen und fragten am Ende des Abends nach der nächsten *burgomaster party*. »Ich bekam 6000 Dollar im Jahr für Feste...von meinem eigenen Geld gab ich zusätzlich 60000 Dollar aus.« Als »The Hostess with the Mostess« – »Die Gastgeberin mit dem Meistesten« – wird Mesta im Musical parodiert. Sie verwendete ihr privates Vermögen jedoch nicht nur für legendäre Feste, sondern sie förderte zahlreiche soziale Projekte sowie die Ausbildung von Studenten. Bis in die siebziger Jahre hinein blieb sie als politische Gastgeberin aktiv, allerdings nahm ihr Einfluss generationenbedingt mit dem Amtsantritt von John F. Kennedy ab.

die KREATIVEN

Blaue Spaghetti und Kalbfleisch in Goldfolie! Mit diesen Rezepten wurde die amerikanische Fotografin Lee Miller von der britischen *Vogue* zur Erfinderin der surrealistischen Kochkunst gekürt. Ihre Kreativität nahm sie mit in die Küche, wie alle Frauen im folgenden Kapitel. Sie stellten ihre Talente nicht nur auf der Bühne, mit Pinsel und Palette oder mit der Fotokamera unter Beweis, sondern brachten ihre künstlerischen Vorlieben bei der Vorbereitung ihrer Feste, beim Eindecken, Dekorieren und bei der Zubereitung der Speisen zum Ausdruck. Interior Designerin Dorothy Draper orientierte sich bei der Wahl von Porzellan, Tischdecken und Blumenschmuck an den Farbkombinationen, die sie auch erfolgreich in ihren Innenräumen verwendete. Frida Kahlo arrangierte farbenfrohe Stillleben als Tischschmuck, und die Schauspielerin Lady Diana Cooper inszenierte ihre Feste wie kleine Theaterstücke.

DOROTHY DRAPER

1889–1969

»Der Erfolg jeder Party beginnt und hängt davon ab, wie die Gastgeberin selbst über sich denkt. Also bevor du Stift und Papier zur Hand nimmst und Pläne für dein nächstes Fest machst, nimm dir Zeit, dich selbst kennenzulernen. Die Party beginnt mit dir.«

Als Amerikas berühmteste Inneneinrichterin Dorothy Draper ihren Ratgeber für die perfekte Gastgeberin mit dem schönen Titel »Entertaining Is Fun!« – »Einladen macht Freude!« 1941 niederschrieb, konnte sie auf über 50 Jahre reiche Lebenserfahrung zurückblicken. Sie wusste also genau, womit sie ihren Leitfaden beginnen musste. Nicht mit der Einkaufsliste, dem Farbschema der Tischdekoration oder der Zusammensetzung einer idealen Gästeliste. Nein. Dorothy Draper widmete das erste Kapitel der weiblichen Psyche und räumte gleich auf den ersten Seiten alle Einwände aus dem Feld, die Frauen gerne anführen, wenn sie meinen, keine Party geben zu können: kein Geld, zu wenig Platz, kein Personal, kein silbernes Teeservice. Dies alles seien fadenscheinige Entschuldigungen für ein selbstgewähltes Einsiedlerdasein und ein langweiliges Leben! Was man vielmehr brauche, wenn ein Fest gelingen solle, sei eine Gastgeberin, die ein paar schöne Stunden verbringen möchte. Denn, so formulierte die Autorin plastisch: »Deine Freude ist für deine Gäste so ansteckend wie die Masern [...] Lass dir nicht einreden, dass du, nur weil du verheiratet oder über vierzig bist oder dein Mann Sorgen im Beruf hat, keinen Spaß haben darfst. Glücklicherweise sind die Zeiten vorbei, in denen die Gastgeberin sich als Märtyrerin zu erweisen hatte und den langweiligsten und am wenigsten unterhaltsamen Mann aus ihrer Gästeschar zu ihrem Tischherrn machen musste. Heutzutage pickt sie sich einfach den attraktivsten und interessantesten Herrn im Raum heraus [...]«

Dorothy Draper hatte im Blut, dass man sich einfach nehmen muss, was man begehrt. 1889 war sie in New Yorks High Society hineingeboren worden und hatte das Leben lange Zeit nur von seiner angenehmen Seite kennengelernt. Ihr Urgroßvater Oliver Wolcott gehörte zu den Unterzeichnern der amerika-

S. 76: Mit Farbe auf Erfolgskurs war Amerikas berühmteste Inneneinrichterin Dorothy Draper, um 1930.
S. 79: links: Das Dorotheum Restaurant im Metropolitan Museum of Art, New York, um 1954; rechts: Aus dem *House & Garden*-Magazin, Oktober 1937.

nischen Unabhängigkeitserklärung, während ihr Vater, Paul Tuckermann, sich als einer der Ersten in dem elitären Erholungsstädtchen »Tuxedo Park« eingekauft hatte, das in dem rasanten Tempo von nur einem Jahr zwischen 1885 und 1886 nach den ehrgeizigen Plänen von Pierre Lorillard IV. mithilfe von 800 Gastarbeitern aus Italien aus dem Boden gestampft worden war. Die komfortablen Häuser im Cottage-Stil wurden mit Moos und Flechten so präpariert, als hätten sie seit Jahrhunderten in diesem wundervoll wilden Naturareal in den Ramapo-Bergen, unweit von New York, auf ihre reichen Bewohner gewartet. Es gab keinen besseren Ort, zu jagen, zu fischen und Feste zu feiern. Im Herbst 1886 wurde das Resort mit einem Ball im Clubhaus eröffnet, zu dem die Gäste mit zahlreichen Sonderzügen aus New York anreisten. Angst vor Entführungen mussten die superreichen Tuxedo-Park-Kinder, zu denen Dorothy zählte, nicht haben. Das Areal war umzäunt, und vor den Toren wachten Privatpolizisten.

Um dem goldenen Käfig, in den sie hineingeboren wurde, zu entfliehen, heiratete sie 1912 den Mediziner George Draper und kein Mitglied der berühmten »Four Hundred«, die Amerikas Upperclass ausmachten. Außerdem verkörperte »Dan«, wie sie ihn nannte, alle Ideale, die sie sich von ihrem zukünftigen Ehemann gewünscht hatte. Er war groß, schön, gebildet und interessierte sich für Dorothys Faible, ihr neues Zuhause auf Manhattans Upper East Side so schön wie möglich zu gestalten. »Es sieht aus wie ein kleines Landhaus. Alle sind davon sehr begeistert«, beschrieb die Frischvermählte ihren Eltern das Ergebnis ihrer Anstrengungen in einem Brief, als sie selbst noch nichts davon ahnte, dass sie einmal die höchstbezahlte Dekorateurin ihrer Zeit sein würde.

Als sie ihre berufliche Karriere startete, brach sie zum zweiten Mal mit den Konventionen. Zum Zeitvertreib dekorierte sie auch die Häuser ihrer Freundinnen, was sie jedoch, weil diese wie die Fähnchen im Wind ihre Meinung zu Farben, Stoffen und Möbeln änderten, als nervenaufreibend und unbefriedigend empfand. 1925 gründete Dorothy Draper, die mittlerweile Mutter von drei Kindern war, ihre erste eigene Firma mit einem Startkapital von 5000 Dollar, bei der sie ihre ganz speziellen Vorlieben und Fähigkeiten voll zum Einsatz bringen konnte: Die Geschäftsidee bestand darin, ihre zahlreichen Freunde, die renovieren oder ein Haus oder Hotel bauen wollten, mit ihren Lieblingsarchitekten zusammenzubringen. Draper spekulierte, auf diese Weise endlich an öffentliche Großaufträge zu kommen, um ihre unkonventionellen Dekorationsideen in die Tat umsetzen zu können.

Ihre erste Chance bekam sie von einem Freund der Familie, für den sie die Lobby des Carlyle Hotel in New York neu gestalten sollte. Das römische Imperium mit Säulen, Herrscherbüsten und Friesen mit Kampfesdarstellungen erkor sie zum Grundthema der Eingangshalle, was für großes Aufsehen sorgte, da es bis dato nicht üblich gewesen war, Hotelhallen mit einer persönlichen Note zu versehen. Den Durchbruch als Businesslady und als Instanz in allen Fragen der Inneneinrichtung erzielte Dorothy Draper jedoch erst nach der großen Depression, dem Verlust des Familienvermögens und der Scheidung

Hampshire House

New York's newest apartment hotel offers a wealth of bright and colorful ideas in decoration

he rooms shown on these pages are in Hampshire House, New ork's newest apartment hotel overlooking Central Park. Decrated by Dorothy Draper, this building is a gold mine of decrating ideas, particularly in color. Below is a bedroom showing a rilliant use of pastel tones relieved by vivid accents. The background is a smart wide-striped pink-and-white wall paper. Curains are raw silk, the chair covering an English nosegay chintz. n striking contrast are the beds upholstered in green leatherette.

Above is the great hall leading to the restaurant. Walls are white with white plaster fruit and shell decorations in the manner of Grinling Gibbons but over-scaled and contemporary in feeling. Indirect lighting concealed in the fruit and flower clusters gives a translucent quality. The ceiling is pink, the floor black and white marble. Doors are maroon lacquer with chunky white moldings and crystal bolection molding trim. Furniture consists of carved Georgian banquettes in white, upholstered and tufted in crimson velvet.

von George Draper, der sich immer mehr in obskure wissenschaftliche Theorien verrannte. Doch der Erfolg als Geschäftsfrau verschaffte ihr Trost. Mit der Renovierung einiger Häuser am Sutton Place in Manhattan landete sie ihren ersten Coup. Die Eigentümer fanden keine Mieter, bis Dorothy die Fassaden schwarz und weiß pinseln ließ und die Türen, wie sie es einmal in Dublin gesehen hatte, in leuchtenden Farben rot, grün, blau und gelb lackierte. Aufgrund ihrer frischen Ausstrahlung wurden die eigentlich eher einfachen Domizile in Frauenmagazinen abgebildet, und plötzlich gehörte Sutton Place zu New Yorks schicksten Adressen. Gutelaunefarben gehörten von nun an zu Dorothy Drapers Markenzeichen – Hellblau, Kanarienvogelgelb, Pink, Smaragdgrün. Braunes Holz fand »DD« so abstoßend, dass sie von Bilderrahmen bis zum Türstock alles weiß übermalte.

Als sie 1937 den Auftrag erhielt, das New Yorker Hampshire House umzugestalten, wurde sie damit auch über den amerikanischen Kontinent hinaus berühmt. In dem 38 Stockwerke hohen Art-déco-Gebäude mussten nicht nur 117 Wohnungen renoviert werden. Draper oblag es, die gesamte Inneneinrichtung des Mietshauses neu zu entwerfen. Einfach alles, von der Pförtneruniform bis hin zu den Sektquirlen in der hauseigenen Cocktailbar – so einen großen Auftrag hatte selbst Interior-Pionierin Elsie de Wolfe nicht an Land ziehen können. Im Hampshire House konnte Draper ihren sinnenfreudigen Stil voll entfalten: Fröhlich mixte sie Antiquitäten aus allen Epochen und ersann in ihrer Branche völlig neue Motive: Streifentapeten, barock verschnörkelte Holzdekorationen, die sie als Rahmen für Spiegel, Türen und Fenster einführte, und Stoffe mit einem Muster aus übergroßen Rosen. Der Rosenstoff wurde zum Bestseller. »Es war früher sehr schwierig, diese Art von Stoff zu bekommen, der sie bekannt gemacht hat. Nun ist es ziemlich schwierig,

ihn zu meiden«, nörgelte neidvoll eine von Drapers zahlreichen Konkurrentinnen, die weniger gefragt waren.

Privathäuser gestaltete sie ungern, weil sie sich nicht in die Arbeit hineinreden ließ. Öffentliche Räume waren ihr lieber. Sie dekorierte das Café des Metropolitan Museum, verhalf Washingtons Mayflower Hotel zu mehr Ausstrahlung und renovierte das innen ausgebrannte Hotel Arrowhead Springs bei Hollywood, das in den vierziger Jahren, als die Amerikaner aufgrund des Zweiten Weltkrieges keine Europareisen mehr zu unternehmen wagten, zu einer Oase für müde Hollywoodlegenden wurde. Das Staraufgebot zur Gala-Eröffnung des Hotels war nicht zu überbieten: Es kamen die Schauspielerinnen Loretta Young, Dolores del Río, Esther Williams, Judy Garland, die Marx Brothers, der italienische Dirigent Arturo Toscanini, Filmproduzent Sam Goldwyn und Frauenschwarm Gary Cooper. Mit einer regelmäßigen Ratgeberkolumne »Frag Dorothy Draper« in den Hearst-Magazinen wurden ihre Erfolge belohnt, und ihre Tipps publizierte sie 1939 unter dem Titel »Decorating Is Fun!«, das für Laien und Profis gleichermaßen unterhaltsam ist. »Fast jeder glaubt, darin würde etwas Tiefgründiges und Mysteriöses liegen und dass man alle möglichen komplizierten Details kennen müsse, bevor man einen Finger rühren kann. Nein, das muss man nicht.« Drapers Erfolgsgeheimnis bestand eben nicht in einer besonderen Kennerschaft der historischen Stile, sondern in Freude an Farbe, Gespür für Ausgewogenheit, Gefühl für Licht, Lust am Leben und Spaß an zeitgenössischen Accessoires.

Das berühmteste Projekt der viel beschäftigten Dekorateurin war die Renovierung des legendären Südstaaten-Hotels Greenbrier in White Sulphur Springs, das gut betuchte Erholungsbedürftige mit seinen Schwefelquellen anlockte. »Romantik und Rhododendren!«, lautete Drapers Eingebung angesichts der klassizistischen Bettenburg. Bis hin zu den Streichholzschächtelchen bestimmte sie rigoros das neue Erscheinungsbild, in dem starke Farben wie Hellblau, Pink und Dunkelgrün dominierten. Die von William Grauer gerade erst begonnenen Wandgemälde passten nicht ins Farbschema und wurden genauso wie die wertvollen Antiquitäten übermalt. »Paint!«, lautete ihr Befehl, dem der Hotelbesitzer nicht zu widersprechen wagte. Die Eröff-

S. 80: Draper (Zweite von rechts) auf einer Cocktailparty im Kreise der führenden »Interior Decorators« der 1940er.

nung des Ferienparadieses, die drei Tage dauern sollte und zu der 500 Personen geladen waren, gehörte zu den gesellschaftlichen Großereignissen des Jahres 1948. Amerikas reichste Familien, die Astors, Vanderbilts und Whitneys, gaben sich im Greenbrier ein Stelldichein, verfolgt von den Journalisten von *Life*, *Time*, *Harper's Bazaar*, *Esquire* und *Vogue*. Und auch der europäische Adel, darunter der Herzog und die Herzogin von Windsor, wollten den legendären »Draper Touch« in Augenschein nehmen. Die Party war perfekt und endete mit dem Diamond soires auf, um ein perfektes Ergebnis zu garantieren. Als Grundvoraussetzung für glückliche Gäste galt für sie jedoch: das ehrliche Interesse der Gastgeber an den Gästen. »Du kannst noch so genau sein, wenn es um die Umgangsformen im Hinblick auf die Einladungen geht, wenn dies nicht aus einem inneren und herzlichen Interesse für andere kommt, dann wirst du niemanden davon überzeugen, dass deine guten Manieren nicht viel mehr sind als einfach nur gekünstelt.« Besonders großen Wert legte Amerikas berühmteste Inneneinrichterin nicht nur auf die

»Mein ganzes Leben lang habe ich es genossen, Freunde nach Hause einzuladen.«

Ball, auf dem Judy Garland, Robert Merrill und Bing Crosby sangen.

Feste zu feiern, auch ohne offiziellen Anlass, gehörte zu ihrem Lebensstil. »Mein ganzes Leben lang habe ich es genossen, Freunde nach Hause einzuladen, ob es das Haus in der Stadt war oder das alte, heruntergekommene Admiralshaus in Newport oder ein winziges Zweizimmerapartment in New York City«, erinnert sich Draper in ihrem Ratgeber für Gastgeberinnen »Entertaining Is Fun!«, der heute noch genauso aktuell erscheint wie vor über 70 Jahren. Die Kapiteleinteilung des Buches folgt den diversen Gattungen des gesellschaftlichen Vergnügens – Frühstück, Tee, Cocktails, Dinnerpartys, Familienfeiern, Gartenpartys und Einladungen übers Wochenende, und zu jedem Anlass zählt die Autorin die passenden Möbel und schönsten Accessoires auf, um ein perfektes Ergebnis zu garantieren.

Qualität der Speisen, sondern selbstverständlich auch auf das dem Anlass entsprechende Farbschema der Tischdekoration mit Decke, Servietten, Kerzen und Blumen. Dorothy Drapers Checkliste für die perfekte Gastgeberin ist lang, aber Erfolg versprechend: Sind die Gläser und Silberbestecke poliert? Stehen die Aschenbecher bereit? Gibt es genügend Kleiderbügel für die Jacken und Mäntel der Gäste? Brennt der Kamin? Sind die Kerzen angezündet? Sind die Getränke kalt? Die Speisen appetitlich angerichtet? Stimmt die Beleuchtung? Stehen die Kanapees bereit auf einem kleinen Tisch im Wohnzimmer? Sind die Kinder im Bett? »Ah, schon hört man die Autos auf dem Kies rollen. Es ist noch Zeit für einen schnellen Blick in der letzten Minute auf dich selbst. Der Vorhang geht auf. Deine Party beginnt.«

LADY DIANA COOPER

1893–1986

*»Im Dankesbrief einer meiner Gäste stand zu lesen:
›Es war die ersprießlichste Party, an die sich die Mitglieder der Delegation erinnern können.
Es ist unwahrscheinlich, dass sie jemals wieder eine ähnliche erleben oder
sich je wieder so fröhlich fühlen werden wie heute Morgen.‹«*

Ihr schauspielerisches Talent und ihre Freude am Drama lebte Lady Diana Cooper nicht nur auf der Theaterbühne aus, sondern auch in ihrer Rolle als Gastgeberin. Als Gattin des britischen Botschafters in Paris lud sie fast jeden Sonntagmittag in ihr Landhaus in Chantilly ein und überraschte ihre Gäste immer wieder mit fantasievoll inszenierten Ausflügen in die idyllische Umgebung. Einmal bewegte sie die ganze Gästeschar dazu, vor dem Essen mit ihr gemeinsam den Park eines unbekannten Barons zu erkunden. Als Schüsse durch die Luft donnerten, rief Diana aufgeregt: »Oh, der Baron ist auf der Jagd!« Und als sie im Bootshaus am Ufer eines kleinen Sees nicht nur Sherry, Gläser und einen mit köstlichen Speisen gedeckten Tisch vorfanden, mutmaßte Diana mit gespielter Euphorie, dass es sich wohl um den Jagdschmaus des Barons handeln müsse. »Lasst uns essen!«, kreischte sie und stiftete ihre Freunde zum vermeintlichen Mundraub an, denn natürlich hatte sie das Picknick genauso geplant und auf die kribbelnde Abenteuerlust ihrer Gäste vertraut, etwas moralisch Verwerfliches zu tun. Der Schwindel flog erst auf, als man entdeckte, dass das Geschirr aus der britischen Botschaft stammte. »Jedes Essen, selbst ein Mittagessen mit nur zwei Gästen«, so Susan Mary Patten, »war für Diana ein Theaterstück.«

In den zwanziger Jahren hatte die 1893 geborene Tochter des 8. Duke of Rutland als Schauspielerin für Aufsehen gesorgt. Zunächst hatte sie in zwei Stummfilmen mitgewirkt, dann nahm die mit einem literarisch ambitionierten Arztsohn Frischvermählte das Angebot des österreichischen Theaterregisseurs Max Reinhardt an, in New York bei der Neuinszenierung des von Karl Vollmöller geschriebenen Bühnenstücks »Das Mirakel« mitzuwirken, das 1912 Weltpremiere hatte. Die Handlung des Stücks, das ohne Worte auskommt, sondern auf Musik, Pantomime und Tanz basiert, leitete sich von einer mittelalter-

S. 82: Ein Star auf der Bühne und dem diplomatischen Parkett: Lady Diana Cooper, um 1915.
S. 85: v.l.n.r.: Jacques Costat, Lady Diana Cooper mit ihrem Ehemann Duff und die Schriftstellerin Louise de Vilmorin auf dem Bal du Panache, Juni 1947.

lichen Marienlegende ab: Eine Nonne flieht mit einem Ritter aus ihrem Kloster und erlebt einige mystische Abenteuer. Die Aufgaben der flüchtigen Ordensschwester übernimmt derweil die lebendig gewordene Steinfigur der Jungfrau Maria. Diana Cooper übernahm im Wechsel mit Maria Carmi, die später als Stummfilmdiva berühmt wurde, die Rolle der Jungfrau Maria und die der Nonne. Bis Anfang der dreißiger Jahre spielte Diana Cooper immer wieder – manchmal bis zur totalen körperlichen Erschöpfung – »Das Mirakel« in England und Europa. Zahlreiche prominente Verehrer waren der attraktiven Schauspielerin mit den strahlend blauen Augen treu ergeben. Der *Times*-Journalist und Schriftsteller Maurice Baring las ihr aus seinen neuesten Romanen vor, und mit dem Schriftsteller Evelyn Waugh und dem Historiker Conrad Russell pflegte Diana Cooper eine regelmäßige Korrespondenz über alle Fragen des Lebens. Ihr Landhaus in Bognor wurde zum beliebten Treffpunkt für den wachsenden Freundeskreis, den sie schon damals zu den von ihr geliebten Picknickausflügen animierte. Ausgelassene Feste feierten Duff und Diana als Gäste von Laura Corrigan im Palazzo Moncenigo in Venedig und von König Edward VIII. und seiner Geliebten Wallis Simpson in Fort Belvedere. Als Dank für eine Kreuzfahrt auf der königlichen Yacht Enchantress in der Ostsee organisierte Diana ihrerseits ein spektakuläres Dinner bei Kerzenschein in der bei Literaturliebhabern berüchtigten Villa Diodati am Genfer See, wo sich 1816 die »Frankenstein«-Autorin Mary Godwin, ihr späterer Ehemann Percy B. Shelley, Lord Byron und seine Geliebte getroffen hatten, um Laudanum zu konsumieren und über spiritistische Fragen und okkulte Phänomene zu diskutieren.

Als Diana im September 1938 nach London zurückkehrte, war sie überrascht von den Schutzgräben, die in Parks und Gärten angelegt wurden. »Wie hatte ich nur tanzen und fröhlich sein können, während Duff sich bemühte, die Flotte zu mobilisieren?« Wenn sie nicht auf der Bühne stand oder ihren gesellschaftlichen Verpflichtungen nachging, unterstützte Diana Cooper tatkräftig die politische Karriere ihres Gatten, der schon zu Studentenzeiten Kontakte zu Winston Churchill geknüpft hatte. »Wahlen sind etwas Abscheuliches, wenn man den Kandidaten liebt«, kommentierte sie ihre Bemühungen, »und die persönliche Wahlpropaganda finde ich schauderhaft – das Anklopfen an fremde Türen, die unvorhersehbaren Launen der öffnenden Hausfrau, die man beim Kochen, beim Waschen oder beim Mittagsschlaf stört.« Doch ihre Arbeit zahlte sich aus. 1927 wurde Duff Cooper zum ersten Mal für die konservative Partei ins Unterhaus gewählt. 1935 schaffte er den Sprung als Kriegsminister ins Kabinett, 1937 stieg er zum Marineminister auf. Als Gegner der Appeasement-Politik gegenüber dem nationalsozialistischen Deutschen Reich Hitlers war Duff Cooper 1940 maßgeblich beteiligt am Sturz des Premiers Neville Chamberlain. Für die Regierung Churchill wurde er in diplomatischer Mission auf Reisen geschickt, und seine umtriebige Gattin Diana begleitete ihn. 1941 reisten sie nach Singapur, um dort die britische Regierung zu repräsentieren. 1943 wurden die Coopers nach Algier versetzt, wo Duff als Kontaktmann zu Charles de Gaulles französischer Exilre-

gierung fungieren sollte. Die Besuche de Gaulles, damals noch Präsident des Nationalen Befreiungskomitees, bevor er 1945 zum Ministerpräsidenten Frankreichs gewählt wurde, bereiteten der Hausherrin besonders großes Kopfzerbrechen. Worüber sollte man unverfänglich sprechen? »Enfance!« – »Kindheit!«, schlug sie vor. »Seit Jahren ein todsicheres Thema. Über nichts anderes findet man so rasch und sicher zusammen.« Ein Gespräch über ihre Vergangenheit als Schauspielerin wäre in Diplomatenkreisen nicht standesgemäß erschienen.

Als Höhepunkt seiner diplomatischen Karriere wurde Duff Cooper 1945 als Botschafter nach Paris beordert. Das Gebäude der britischen Botschaft in der Rue du Faubourg St. Honoré glich kurz nach dem Zweiten Weltkrieg einer Ruine – kein Wasser, kein Strom. Mit persönlichen Möbeln, Bildern und Fotografien machte Diana Cooper die repräsentativen Räume wohnlich. Als ständiger Hausgast zog eine von Duffs diversen Geliebten, Louise de Vilmorin, ein: »Es war das anstrengendste Leben, das ich je geführt habe«, stöhnt Cooper in ihren Memoiren, doch nicht aufgrund der Ménageàtrois: »Zu den offiziellen Verpflichtungen kamen noch die Menschen, die wir aus irgendeinem Grund sehen mussten, seien es afrikanische Konsuln oder Gertrude Stein und Alice B. Toklas mit ihrem Pudel oder Colette [...] Schriftsteller, Schauspieler, Komponisten und Dirigenten. Meistens schwirrten einige Abgeordnete und Bischöfe herum [...] und das Corps Diplomatique wollte bewirtet werden.« Neiderinnen unkten im Vorfeld, dass Diana der neuen Aufgabe, die ein korrektes Auftreten erfordere, nicht gewachsen sein würde. Weit gefehlt! Alle Gästen erlebten in der britischen Botschaft unvergessliche Stunden, auch wenn nicht immer alles der Etikette entsprach. Für den britischen Feldmarschall Montgomery schmückte Diana Cooper den Bankettsaal mit Fahnen, Lorbeerzweigen und 1000 roten Rosen und engagierte ein Mädchen, das Balladen über die Résistance vortrug. Zu einem offiziellen Dinner lud sie die Komikerin Lady Peel ein, die ein paar lustige Lieder am Piano vortrug. Duff Cooper wusste, dass er seiner Gattin in gesellschaftlicher Hinsicht alles verdankte, als er resümierte: »Diese Dinge gelingen einfach nicht ohne Diana!«

FRIDA KAHLO

1907 – 1954

»Als ich jung war, nahm ich das Unglück nicht so tragisch. Ich spürte, dass ich genug Energie in mir hatte [...] und so habe ich ohne große Umstände zu malen angefangen.«

Wenn Frida Kahlo zum Essen einlud, waren die Dekorationen und schönen Accessoires auf der festlich gedeckten Tafel genauso wichtig wie die Menüfolge, die sie stets mit großem Bedacht auf die Anlässe ihrer Einladung abstimmte. Die Vorbereitungen zu den Festlichkeiten an den mexikanischen Nationalfeiertagen im September hielten die Künstlerin jedes Jahr aufs Neue mehrere Tage auf Trab, bis alles in Haus und Garten entsprechend ihren Vorstellungen geschmückt und hergerichtet war. »Schon am Monatsbeginn fing sie an, Fähnchen aus grünem, weißem und rotem Stoff zu kaufen und sie im Haus zu verteilen«, erinnert sich ihre Stieftochter Guadalupe Rivera, die ein ganzes Buch über die Fiestas und Rezepte der von ihr bewunderten Ersatzmutter geschrieben hat. »Sie steckte sie in Obstschalen, die sie auf den gedeckten Tisch stellte, in ihre Stillleben und in die Pflanzentröge«, die den u-förmigen Gang im Hof der Casa Azul säumten, der in den Garten führte. Am Abend des 16. September 1942 überraschte Frida Kahlo ihre Gästeschar, bestehend aus nationalistisch eingestellten Politikern und Parteifreunden ihres Ehemannes Diego Rivera, gleich mit einer ganzen Reihe von typischen Gerichten, die traditionell an den Nationalfeiertagen gegessen werden: Eulalia, die Köchin, hatte eine Suppe mit Red Snapper zubereitet, außerdem Chilis in Walnusssauce und roten, grünen und weißen »Nationalflaggenreis«, der nach dem Vorbild der Farben der mexikanischen Flagge in einer länglichen Schüssel angerichtet wurde. Passend zu ihrem besten weißen Puebla-Geschirr mit einem kobaltblauen Rand hatte Frida Kahlo die blauen Trinkgläser gewählt, in die sie ebenfalls farblich passend grünes Limettenwasser, weißes Reiswasser und rotes Hibiskusblütenwasser füllte. Auf dem Esstisch hatte sie ein wunderbares Stillleben aus grünen, weißen und roten Kaktusfeigen arrangiert,

S. 86: Sie liebte Folklorekleider und Blumenschmuck im Haar: Frida Kahlo, undatiert.
S. 89: Die Malerin und Diego Rivera mit einem kleinen Affen im Garten der Casa Azul, 1948.

die man zu dieser Jahreszeit auf dem Markt kaufen konnte.

Zu den wichtigsten Festen des Jahres gehörte für Frida auch das mexikanische Totenfest. Nach dem Volksglauben kehren am 1. und 2. November die Verstorbenen zurück in die Häuser ihrer Familien, um von den Speisen, die sie zu Lebzeiten am liebsten hatten, zu kosten. Zu Ehren ihrer verstorbenen Mutter ließ die Künstlerin eigens einen Altar anfertigen, auf dem sie Doña Matildes Lieblingsspeisen anrichtete: Früchtepunsch, Chilis, Moles und Tamales. Zwischen Teller und Schüsseln mit Limonen, Zuckerrohr und Mandarinenorangen stellte sie kleine Skelette und Totenschädel aus Zuckerguss, die sogenannten Calaveras, die in Mexiko auf Bestellung in allen erdenklichen Größen hergestellt werden und auf Wunsch die Namen der Verstorbenen tragen.

Frida Kahlo liebte alle Arten von Festen, und seit sie mit dem Maler Diego Rivera verheiratet war, führte sie ein offenes Haus, in dem sie viele Besucher aus der ganzen Welt empfing und bewirtete. Zu den Riveras kamen Künstler, Sammler, Intellektuelle, Schauspieler und Parteifreunde. Außerdem bot ihr der mexikanische Feiertagskalender ständig neue Anlässe, eine Gesellschaft zu geben. »Sie feierte die Namenstage der Heiligen, Geburtstage, Taufen und die meisten religiösen und weltlichen Feiertage«, erinnert sich Guadalupe Rivera, die seit 1942 bei ihrem Vater und Frida Kahlo in der Casa Azul lebte. »Das Decken eine Tisches war für Frida ein Ritual, vom Ausbreiten der weißen Tischdecke aus Aguascalientes über die Anordnung der schlichten Teller, die sie mit ihren Initialen geschmückt hatte, bis zum Hinstellen der spanischen Talavera-Teller, der mundgeblasenen blauen Gläser und des Familiensilbers.« Als Malerin komponierte Frida Kahlo Geschirr, Bestecke, farbige Servietten und den Blumenschmuck genauso kunstvoll und mit Bedacht wie ihre berühmten Gemälde, mit denen sie ein Millionenpublikum berührt. Als »Malerin der Schmerzen« ist sie in die Kunstgeschichte eingegangen, da viele ihrer berühmtesten Bilder ihr Leiden illustrieren. Mit 18 Jahren überlebte sie einen schweren Verkehrsunfall in einem Bus, bei dem sich eine Eisenstange durch ihren Unterleib bohrte. Monatelang war sie ans Bett gefesselt, musste ein Stahlkorsett tragen und wurde auch später immer wieder an der Wirbelsäule operiert. Dieses Etikett beleuchtet jedoch nur einen Aspekt ihres Wesens. Liest man ihr Tagebuch und hört, was Verwandte und Freunde über die Malerin berichteten, ergibt sich ein ganz anderes Bild. Frida Kahlo war – trotz ihrer körperlichen Gebrechen – unternehmungslustig, gesellig und unterhaltsam. »Viva la vida« – »Es lebe das Leben«, lautet einer der letzten Sätze in ihrem »Gemalten Tagebuch«. In diesem Sinne genoss Frida Kahlo alle Annehmlichkeiten und Vergnügungen, die das Leben für sie zu bieten hatte.

Zur Hochzeit mit Diego Rivera richtete Frida Kahlo ihr erstes großes Fest aus. Am 26. August 1929 wurde das ungleiche Paar im Alten Rathaus von Coyoacán getraut. Die anschließende Feier war genauso, wie man sich eine typisch mexikanische Fiesta vorstellt: temperamentvoll, laut und farbenfroh. Der Empfang für die ausgelassene Hochzeitsgesellschaft wurde im Haus ihrer gemeinsamen Freundin Tina

Modotti veranstaltet, die 1923 mit ihrem Geliebten, Edward Weston, von San Francisco nach Mexiko-Stadt übergesiedelt war. Die Terrasse des Hauses, in dem die gebürtige Italienerin wohnte, war wie ein Festplatz eines mexikanischen Dorfes hergerichtet – mit Lampions, Luftschlangen, blauen Wimpeln und Täubchen aus Pappmaschee, aus deren Schnäbeln Banderolen mit der Aufschrift »Lang lebe Frida« und »Lang lebe Diego« flatterten. Es flossen reichlich Tequila und Pulque, die zu dem knusprig gebratene Schweineschwarten mit Avocado gereicht wurden. Für Volksfeststimmung sorgte außerdem eine Mariachi-Kapelle, die mexikanische Volkslieder spielte. Tina Modotti hatte zu Ehren des Brautpaares ein Feuerwerk der Farben gezündet. Bunte Tischdecken leuchteten in der Sonne. Das Geschirr war mit Tieren bemalt, und die Austernsuppe wurde mit blau emaillierten Löffeln gegessen, alles andere wurde mithilfe von Tortillas verzehrt, da der überzeugte Kommunist Diego Rivera nichts von Tafelsilber hielt. Konservativ traditionell war hingegen die Hochzeitstorte, die mit Tauben, Rosen und einem Brautpaar aus Zucker dekoriert war. Alles hätte so wunderbar sein können, wenn nicht Diego Riveras geschiedene Frau Guadalupe Marín, die ebenfalls eingeladen worden war, auf die Idee gekommen wäre, sich über Frida Kahlos von der Kinderlähmung gezeichneten Beine lustig zu machen. Zu guter Letzt wurde auch noch ein Gast durch einen Querschläger eines Freudenschusses am Finger verletzt, sodass Frida aufgelöst ihr Fest vorzeitig verließ.

Ihren 21 Jahre älteren Ehemann hatte Frida Kahlo bereits als Schülerin der Escuela Nacional Preparatoria kennengelernt. Damals gehörte sie zu den ersten 35 Mädchen, die an dieser Schule zugelassen worden waren, und bereitete sich auf ein geplantes Medizinstudium vor. Diego Rivera arbeitete in der Aula an einem monumentalen Wandbild zur Schöpfungsgeschichte. Die Schüler und Schülerinnen spielten dem korpulenten Maler, der sich auf dem Gerüst abmühte, oft derbe Streiche. Frida Kahlo

S. 90: Idyllisches Refugium: der Innenhof der Casa Azul in Coyoacán.
S. 91: Für Leo Trotzki richtete Kahlo 1937 ein Fest in der Casa Azul aus.

genoss es aber auch, dem Künstler bei seiner Arbeit über die Schulter zu sehen. Näher kamen sich die beiden jedoch erst nach Fridas schwerem Verkehrsunfall, infolgedessen die Achtzehnjährige mehrere Monate ans Bett gefesselt war. Auf dem Krankenlager begann Kahlo zu malen. »Als ich jung war, nahm ich das Unglück nicht so tragisch«, erzählte sie später, »ich spürte, dass ich genug Energie in mir hatte, statt des angestrebten Medizinstudiums etwas anderes zu beginnen. Und so habe ich ohne große Umstände zu malen angefangen.« Als sie endlich wieder aufrecht stehen und laufen konnte, ging Frida Kahlo zu keinem anderen als zu Diego Rivera, um sein Urteil über ihre ersten Selbstporträts und Bildnisse von ihren Familienmitgliedern und Freunden zu hören. Mexikos berühmtester Künstler war auf Anhieb begeistert von ihrer eigenständigen künstlerischen Ausdrucksfähigkeit und von ihrem Wesen. Die beiden gaben ein kurioses Paar ab. Rivera groß und korpulent, Frida klein und zierlich. »Es wäre wie die Hochzeit zwi-

schen einem Elefanten und einer Taube«, erinnerte sich die Künstlerin an die Reaktionen ihrer Eltern, als Rivera um ihre Hand anhielt.

An der Seite Diego Riveras lernte Frida Kahlo die Welt kennen. Schon kurz nach ihrer Hochzeit begleitete sie ihren Ehemann nach San Francisco, wo dieser durch die Fürsprache des Bildhauers und Sammlers Ralph Stackpole ein Wandgemälde in der California School of Fine Arts ausstatten sollte. Ein Jahr später, 1931, lud ihn das Metropolitan Museum zu einer Einzelschau seiner Werke ein. Danach reiste er mit Frida nach Detroit, um dort im Auftrag des Institute of Arts tätig zu werden. Während Diego Rivera malte, war seine junge Gattin auf sich gestellt und konzentrierte sich auf die eigene Karriere. In den USA entstanden einige ihrer berühmtesten Werke wie beispielsweise das Tafelbild mit dem Titel »Henry Ford Hospital«, auf dem sich Frida Kahlo nackt und blutend nach einer erlittenen Fehlgeburt auf einem Krankenhausbett darstellte. Doch trotz des erneuten Schicksalsschlages ließ sich Frida nicht unterkriegen. Sie schloss neue Freundschaften, etwa mit Louise Bloch, ging ins Theater und ins Kino, um Dick und Doof-Filme zu sehen, und spielte mit ihren Freunden das Surrealisten-Spiel »Cadavre exquis«.

Mit ihrer extravaganten Kleidung war die Malerin eine besondere Attraktion auf den Vernissagen und Cocktailpartys der amerikanischen High Society. Seit ihrer Hochzeit kleidete sich Frida Kahlo in mexikanische Trachten mit bunten Blusen und reich bestickten Röcken. Das meist hochgesteckte Haar schmückte sie farblich passend zu ihrer Kleidung mit frischen Blüten und bunten Bändern. Als der Automobilhersteller Edsel Ford in Detroit ein großes Fest zu Ehren des Künstlerehepaares ausrichtete, wählte Frida Kahlo die Tehuana-Tracht, zu der als Kopfschmuck eine gestärkte Haube aus weißer Spitze gehört, und zog damit alle Blicke auf sich. Und auch die Presse verfolgte interessiert ihre Garderobe: »Sie trug ein Kleid aus schwarzer Brokatseide, einen langen, dunkelgrünen bestickten Seidenschal, Sandaletten mit hohen dünnen Absätzen, schwere dunkle Bernsteinperlen, eine Jadehalskette und aus Jade geschnittene Ohrgehänge«, berichtete die *Detroit News* bei der Ankunft des mexikanischen Künstlerpaares in der Stadt. Den zahlreichen Partys der Upperclass in ihrer Zeit in New York stand Frida Kahlo jedoch eher skeptisch gegenüber: »[...] es ist so erschreckend, zuzusehen, wie (sie) Tag und Nacht ihre Partys feiern, während Abertausende vor Hunger sterben.«

Nach ihrer Rückkehr nach Mexiko hatte Frida Kahlo Gelegenheit, sich selbst als Gastgeberin zu versuchen und Feste zu feiern, die sie ganz nach ihrem Geschmack organisierte. Zum beliebten Treffpunkt für Freunde wurde das neue Haus der Riveras in San Ángel in einem Vorort südlich von Mexiko-Stadt, das der Architekt Juan O'Gorman im Stile von Le Corbusier entworfen hatte. Frida Kahlo kochte mexikanische Spezialitäten für internationale Intellektuelle wie John Dos Passos, den chilenischen Dichter Pablo Neruda und die Schauspielerin Dolores del Río, die zu ihren besten Freundinnen zählte. In die Kunst des Kochens hatte sie ausgerechnet Diego Riveras Exfrau Guadalupe Marín eingeführt, die aus eigener Erfahrung wusste, wie stark die Laune des korpulenten Malers von der Qualität des Essens abhing. Die Ehe mit Diego war für Kahlo ein emotionales Auf und Ab. Rivera verguckte sich immer wieder in junge Kolleginnen oder seine Modelle. Um sich von den zahlreichen Liebschaften ihres Mannes abzulenken, stürzte sich Frida Kahlo ihrerseits in viele verrückte Affären. Sie flirtete mit Leo Trotzki, verbrachte aufregende Wochen mit dem Architekten Isamu Noguchi und dem deutschen Kunstsammler Heinz Berggruen. Eine besonders innige Beziehung

»Das Essen im Hause Rivera war immer eine laute, fröhliche Angelegenheit.«

verband sie mit dem Fotografen Nickolas Muray, der einige der schönsten Porträtaufnahmen der Künstlerin machte, die wir heute von ihr kennen. 1939 ließen sich Diego und Frida scheiden, um sich ein Jahr später dann doch wieder das Jawort zu geben, da sie erkannt hatten, ohne einander nicht leben zu wollen. Einen Neuanfang ihres gemeinsamen Lebens machten die beiden Künstler im Elternhaus von Frida Kahlo in Coyoacán. Sie ließen das Haus indigoblau streichen. Die Türen und Fenster wurden kontrastreich rot umrandet und die Fenstergitter grün angemalt. Die schlicht eingerichteten Zimmer dekorierten sie mit Diego Riveras Sammlung präkolumbianischer Skulpturen. Rivera ging zum Malen in sein Atelier in San Ángel. Frida Kahlo arbeitete dagegen in der Casa Azul, die seit 1959 öffentlich zugänglich ist und den Nachlass der Künstlerin präsentiert.

Hausgäste wurden in den vierziger Jahren für die kranke, unter starken Rückenschmerzen leidende Künstlerin, die in ihrem Leben fast 40 Operationen erdulden musste, besonders wichtig. In ihrem Tagebuch, das sie ab 1944 bis zu ihrem Tod zehn Jahre später führte, verzeichnete sie die Besucher. Der Galerist Alberto Misrachi kam gemeinsam mit seiner Frau Anita, um sie beim Verkauf ihrer Gemälde zu beraten. Nelson Rockefeller tauchte eines Tages spontan im Gefolge des mit den Riveras befreundeten Karikaturisten Miguel Covarrubias auf, sodass Frida Kahlo die Köchin bitten musste, die Suppe mit ein wenig Wasser zu verlängern. »Das Essen im Hause Rivera war immer eine laute, fröhliche Angelegenheit. Die Affen des Paares turnten über den Tisch oder zausten den Besuchern die Haare.« Auch Frida Kahlos Studenten von der Kunstakademie La Esmeralda besuchten Frida in der Casa Azul, wenn sie den beschwerlichen Weg nach Mexiko-Stadt nicht bewältigen konnte. »Es war wunderbar für uns in der Casa Azul«, erinnerte sich Arturo García Bustos, ein Student Kahlos: »Es gab dort eine Ecke im Garten, wo wir unser Material aufbewahrten, Papier, Pinsel und Farben. Wir arbeiteten immer im Innenhof.«

In den fünfziger Jahren wurden die Phasen des Glücks kürzer, da die Malerin immer schwächer wurde. Ihren letzten großen Auftritt im Kreise ihrer Freunde feierte Frida Kahlo anlässlich einer umfassenden Ausstellung ihrer Werke in Mexiko-Stadt im April 1953. Da die Ärzte ihr verboten hatten aufzustehen, ließ sie ihr Bett in die Galerie bringen. Inmitten von bunten Kissen sitzend, empfing sie die Besucher, wie sie es auch in der Casa Azul getan hätte – sorgfältig geschminkt und angekleidet. Als gute Gastgeberin sang und trank sie einen ganzen Abend lang mit ihren Gästen.

LEE MILLER

1907–1977

»Es hat mich vier Jahre gekostet, bis ich herausfand, wie meine Freunde so weit zu bringen sind, dass sie die gesamte Arbeit selbst übernehmen.«

Bei der Zubereitung des Essens für ihre Gäste war die berühmte amerikanische Fotografin mindestens genauso kreativ wie im Umgang mit ihrer Kamera, mit der sie zu Beginn ihrer Karriere surrealistische Bilder schuf, die heute zu Ikonen des 20. Jahrhunderts zählen. Unkonventionell, überraschend und leidenschaftlich ging es auch in ihrer englischen Landhausküche in Sussex zu. Den Spinat wusch sie gerne in der Spülmaschine, für ihr Rezept »Grünes Huhn« garte sie das Federvieh zusammen mit sechs silbernen Löffeln, und den Rand einer Pizza formte Lee Miller als Kruste aus Minze und Zwiebeln. Manchmal verwendete sie mehrere Tage darauf, eine Einladung zum Tee oder Dinner vorzubereiten. Doch wenn sie einen ihrer Tischgäste nicht mochte, konnte das fatale Folgen für den Gaumen haben. Entweder servierte sie höllisch scharf gewürzte Speisen, oder sie mischte Zutaten unter, die ihre Gäste erklärtermaßen nicht mochten. Für den britischen Literaturkritiker und Autor Cyril Connolly, der sich einmal über die mangelnden Kochkünste der Amerikaner lustig gemacht hatte, dachte sie sich – gewissermaßen als süße Rache für seine Überheblichkeit – eine selbst gemachte Marshmallow-Cola-Eiscreme. Guten Appetit!

Dass Lee Miller eine Künstlerin in der Küche war, wissen die wenigsten. Denn berühmt wurde die 1907 in Poughkeepsie im Bundesstaat New York geborene blonde Schönheit erst als Fotomodell, dann als Muse der Surrealisten und eigenständige Kunstfotografin und später als Kriegsberichterstatterin für *Vogue*. Nachdem sie der amerikanische Verleger Condé Nast höchstpersönlich auf den Straßen von New York entdeckt hatte, startete sie ihre Karriere vor der Kamera und arbeitete mit Starfotografen wie Edward Steichen, Arnold Genthe und Horst P. Horst zusammen, bis ohne ihr Wissen mit einem ihrer Fotos Werbung für Damenbinden von Kotax gemacht

S. 94: Karriere als Fotomodell: Lee Miller im Apartment des Verlegers Condé Nast, 1928.
S. 97: Miller fotografierte 1937 Nusch und Paul Éluard, Roland Penrose, Man Ray und Ady Fidelin in Cannes.

wurde. Ein vermeindlich derart freizügiges Mädchen wollten die meisten feinen Modesalons nicht mehr beschäftigen. Also änderte Miller ihre beruflichen Pläne. Mit dem Ziel, Künstlerin zu werden, reiste Miller nach Rom und nach Paris. »Ich bin Ihre neue Studentin«, trat sie Man Ray selbstbewusst entgegen. Er unterrichte nicht, erwiderte der berühmte Fotograf, Maler und Objektkünstler, nahm das umwerfend hübsche Mädchen aber dann doch mit nach Biarritz, wo sie nicht nur Schülerin, sondern auch Geliebte wurde und in den Freundeskreis der Surrealisten mit Jean Cocteau, Paul Éluard und Pablo Picasso aufgenommen wurde. Als Lee Miller 1932 ihr eigenes Atelier in New York eröffnete, arbeitete sie für renommierte Auftraggeber, schuf Modeaufnahmen für Chanel und Jean Patou sowie Porträts. Überraschend heiratete die erfolgreiche Fotografin 1934 den ägyptischen Geschäftsmann Aziz Eloui Bey und folgte diesem nach Kairo. Zur Ruhe kam sie in der höheren Gesellschaft der ägyptischen Hauptstadt jedoch nicht. Auf ausgedehnten Ausflügen in die Wüste machte Miller Landschaftsaufnahmen, die heute zu den Ikonen des Surrealismus zählen und Künstler wie René Magritte inspirierten. Ihre berühmtesten Aufnahmen schuf Lee Miller jedoch Mitte der vierziger Jahre als Kriegsjournalistin. Unerschrocken folgte sie den amerikanischen Soldaten an die Front in Begleitung des *Life*-Fotografen David Scherman. Für *Vogue* dokumentierte Miller als eine der Ersten den Einsatz von Napalm während der Belagerung von Saint-Malo, die Totenberge in den Konzentrationslagern von Buchenwald und Dachau, aber auch die ausgemergelten Überlebenden in ihren Sträflingsanzügen. »Believe It« betitelte sie eine Bilderserie, die in *Vogue* wie ein surrealistischer Kontrast neben Modestrecken publiziert wurde. Drei Tage kampierten sie in der Wohnung Adolf Hitlers in München, wo Lee sich in seiner Wanne wusch und David in seinem Bett schlief. »Mein Gastgeber war nicht zu Hause«, kommentierte die in den USA gefeierte Fotojournalistin.

»Mir macht es nichts aus, wenn Freunde ohne Vorwarnung vorbeikommen und verköstigt werden möchten, und ich liebe es, wenn Menschen mir zusehen und sich mit mir unterhalten, während ich koche.«

Abstand von den Schrecken des Krieges versprach sich Lee Miller, als sie mit ihrem neuen Lebensgefährten Roland Penrose, von dem die mittlerweile Vierzigjährige ein Kind erwartete, 1947 nach Sussex aufs Land zog. Seit über zehn Jahren führte sie mit dem surrealistischen Maler, der mit seinen Ausstellungen den Surrealismus in England eingeführt hatte und eine fantastische Sammlung moderner Gemälde besaß, eine liebevolle Beziehung, in der man sich alle Freiheiten ließ. In Farley Farm House, einem charmanten Anwesen aus dem 18. Jahrhundert, platzierten sie Rolands Schätze an den farbig gestalteten

Wänden und empfingen ihre zahlreichen Freunde. Max Ernst, dessen Gemälde »Elefant von Celebes« über dem Buffet im Esszimmer beim Tranchieren der Braten der ständigen Gefahr von Fettspritzern ausgesetzt war, kam in den Sommermonaten mit seiner Frau Dorothea Tanning. Roland Penroses Exfrau Valentine gehörte zu den Stammgästen, und wenn Pablo Picasso, der Lee Miller mehrmals porträtiert hatte, auf der Durchreise vorbeischaute, wurde er mit geflammtem Plumpudding verwöhnt. Nur diese Künstlerseelen konnten dieses mit modernen Gemälden vollgestopfte Haus »typisch englisch« finden. Regelmäßig kam zum Wochenende die Chefredakteurin der englischen *Vogue*, Timmie O'Brien, die

Lee Miller mit fotojournalistischen Aufträgen versorgte, die diese allerdings aufgrund ihrer Depressionen und ihrer Alkoholkrankheit immer zögerlicher realisierte.

Eine der letzten Fotostrecken, die sie für das *Glamour*-Magazin 1953 schuf und als Autorin selbst kommentierte, widmete sie ihren »Arbeitenden Gästen«. Den Bildhauer Reg Butler fotografierte sie zusammen mit seiner Frau beim Schneiden und Salzen von Bohnen. Die Schauspielerin Vera Lindsay machte sich mit einem Messer zwischen den Zähnen an Kohlköpfen zu schaffen. Der Cartoonist Saul

S. 98: Die Erfinderin des kulinarischen Surrealismus in ihrer Küche im Farley Farm House, Sussex, 1973.
S. 99: Zum Anbeißen! Aus Blumenkohl geformte Brüste, 1973.

Steinberg posierte mit dem Gartenschlauch, und der Gründungsdirektor des Museum of Modern Art, Alfred Barr, fütterte die Schweine. »Kaum etwas, das man hier sieht oder auch nicht, vom Holzstoß bis zum Wassertank im Dachgeschoss, von den Stuhlpolstern bis zu den gepökelten Schweineseiten und dem Inhalt der Kühltruhe, das nicht den Stempel unserer Gast-Arbeiter trüge«, scherzte Miller in ihrem Artikel, »wir stehen im letzten Jahr unseres Fünf-Jahres-Plans auf dem Hof. Ich habe bereits die nächste Runde vor Augen. Es gilt, einen Weinberg anzulegen, der innerhalb der kommenden fünf Jahre genügend einbringt, um die arbeitenden Gäste, die ihn das ganze Jahr betreuen, bei Laune zu halten.«

Als Lee Millers Karriere als Fotografin in den fünfziger Jahren langsam im Sande verlief, wurde die alte Küche von Farley Farm House zu ihrem neuen Rückzugsort, an dem sie ihrer Kreativität freien Lauf ließ. »Sie erfand neue Gerichte«, erinnert sich ihr Sohn Antony an die neue Leidenschaft seine Mutter: Es gab blaue Spaghetti und grüne Hähnchenschenkel, und Blumenkohlköpfe richtete sie mit einer rosa Sauce als pralle Brüste mit blauen Borretschblüten als Brustwarzen an. Ihre nach Slapstick-Schauspieler und Regisseur Mack Sennett benannten Sahnetörtchen beschrieb sie selbst in einem Interview als »köstlich zu essen und lustig zu werfen«. *Vogue* kürte sie zur »Erfinderin des kulinarischen Surrealismus«. Und Miller war glücklich, mit ihrer experimentellen Kochkunst auch außerhalb ihrer Familie und ihres Freundeskreises Aufmerksamkeit zu erregen. 1971 gewann sie einen vom norwegischen Fremdenverkehrsamt ausgeschriebenen Wettbewerb für Smörrebröd mit ihren sogenannten »Penroses«-Toastscheiben, deren Belag aus Kresse und in Madeira oder Marsala gegarten Pilzen bestand, denen sie mit einer blassrosa Paté das Aussehen von Rosen verlieh. Zum Preis gehörte eine Reise nach Skandinavien, wo sie nach neuen Rezepten fahndete. Zu den Besuchern von Farley Farm House gehörten von nun an Gourmetjournalisten und Starköche wie James Beard, der in den fünfziger Jahren mit seinen Kochbüchern amerikanischen Hausfrauen die französische Küche erklärte. Für Überraschungsgäste hatte Lee Miller immer Vorräte in ihrer Tiefkühltruhe, die sie das ganze Jahr über mit Köstlichkeiten aus ihrer Küche füllte. Sie fror sogar ein paar Schneebälle ein, falls einem ihrer alten Surrealisten-Freunde einfallen sollte, im Sommer eine Schneeballschlacht zu machen.

ADELE MAILER

geb. 1925

»Ich kam kaum noch zum Malen, weil ich meine ganze Energie darauf verwendete, eine gute Gastgeberin zu sein.«

Du kannst dich nicht umbringen, weil du mir damit meine verdammte Party ruinieren würdest, und das würde ich dir nie verzeihen.« Besonders feinfühlig reagierte Adele Mailer nicht, als der amerikanische Kultautor James Jones ausgerechnet während ihrer Hochzeitsfeier zutiefst betrübt und völlig betrunken seinen Kopf in den Gasbackofen steckte, um seinem Leben ein Ende zu machen. »Lasst mich in Ruhe, ich will sterben. Es ist alles scheiße, und Scott Fitzgerald ist ein viel besserer Schriftsteller als ich«, klagte er. Als routinierte Gastgeberin der New Yorker Boheme kannte sich Adele Mailer nur zu gut aus mit schrillen Situationen, rauschhaften Exzessen und depressiven Kurzschlussreaktionen von frustrierten Schriftstellern, um beim Anblick des Verzweifelten sentimental zu werden oder in Panik zu geraten. James Jones' recht halbherziger Selbstmordversuch gehörte für die New Yorker Malerin mit spanischen Wurzeln zum ganz normalen Wahnsinn ihres exzessiven Partylebens an der Seite von Norman Mailer, der in den fünfziger und sechziger Jahren zu den bedeutendsten Intellektuellen Amerikas gehörte. Mit seinem Roman »Die Nackten und die Toten«, in dem dieser seine Erfahrungen als Soldat im Zweiten Weltkrieg auf den Philippinen und in Japan verarbeitete, führte Mailer 1948 elf Wochen lang die Bestsellerliste der *New York Times* an. Mit seinen journalistischen Bravourstücken wurde er zum Vorläufer des »New Journalism«.

In ihrer Autobiografie »The Last Party« schildert Adele Mailer, die heute als Malerin und Schauspielerin in Manhattan lebt, ihre Ehejahre mit dem Bestsellerautor als turbulente Dauerparty, auf denen es meist feuchtfröhlich zuging. Norman Mailer war unersättlich, wenn es um Partys ging. »Ganz gleich, wer die Party gab und wo sie stattfand, er musste hin. Wir machten alles mit, von Soireen in den Vorortvillen irgendwelcher Berühmtheiten bis zu den

S. 100: Das Traumpaar der New Yorker Boheme, Adele und Norman Mailer, 1960.

chaotischen Partys der Beatniks und Drogis der Innenstadt. Irgendwo dazwischen waren die Loftpartys meiner Malerfeunde und einiger Literaten aus dem Village, die auch ohne Luxus gut zu leben verstanden. ›Warum müssen wir jeden Abend ausgehen?‹, klagte ich, als wir uns wieder einmal für eine Schickeria-Fete herausputzten, denn mir schwirrte noch der Kopf von den Oberflächlichkeiten der letzten Party. ›Weil ich jeden Tag sieben Stunden lang alleine in einem Zimmer hocke und schreibe.‹« Norman Mailer brauchte die Gastauftritte auf den Partys als Ausgleich zu seiner Eremitenexistenz in seiner kleinen Studiowohnung in Brooklyn Heights, in die er sich tagsüber zum Schreiben zurückzog. »Norman fragte nie bei den Gastgebern an, ob er noch Gäste mitbringen durfte; manchmal begleiteten uns nicht weniger als sechs Personen«, beschreibt Adele Mailer die legeren Gepflogenheiten ihres Gatten.

Sie selbst schlüpfte dagegen lieber in die Rolle der Gastgeberin. Ausgestattet mit künstlerischem Gespür, fiel es ihr leicht, mit ein paar schönen alten Möbeln und ihren eigenen abstrakten Gemälden eine angenehme Atmosphäre für ihre bunt gemischte Schar von Gästen zu erzeugen. Außerdem entdeckte sie ihr Talent zum Kochen. »Ich hatte lange daran gearbeitet, eine gute Köchin zu werden. Inzwischen war das Kochen meine zweitliebste Beschäftigung nach dem Malen. Es machte doppelt Spaß, weil ich hinterher nicht sauber machen musste, das übernahm ein Hausmädchen.« Personal gehörte zu den konservativen Elementen, die das wilde Boheme-Leben weniger anstrengend gestalteten. Adele und Norman Mailer feierten in jeder Wohnung und in jedem Haus, das sie während ihrer Ehe bezogen, mindestens ein rauschendes Fest – »Das gehörte einfach dazu«, so Adele. Die denkwürdigsten Feste beschrieb sie in ihren Memoiren, so auch die Einweihungsparty einer ihrer ersten gemeinsamen Wohnungen in der Monroe Street, wo Norman Mailer ein riesiges Loft angemietet hatte. »Es war so groß, dass man mit einem Fahrrad von einem Ende zum anderen radeln konnte«, schwärmt Adele. Da es keine Küche gab, war es mit 150 Dollar unschlagbar günstig. Der Nachteil der Wohnung war jedoch die Lage. »Die Tatsache, dass wir in einer Gegend wohnen würden, in der mein Mann mich mit einer in Zeitungspapier eingerollten Eisenstange von der U-Bahn abholen musste, ignorierten wir einfach.« Auch die Gäste, darunter Marlon Brando und der Schauspieler Devin McCarthy und Lillian Hellman ließen sich nicht abschrecken und amüsierten sich auf Mailers Fest. »Als Gastgeberin bemühte ich mich, möglichst nüchtern zu bleiben, kümmerte mich um das Essen, stellte die Gäste einander vor und zeigte mich von meiner besten Seite.« Trotz aller Bemühungen – die Party endete blutig, weil ein paar Halbstarke aus einer der hiesigen Straßengangs das ausgelassene Fest stören wollten. »Verschwindet, ihr Ausgeburten der Soziologie!«, brüllte der französische Schriftsteller Jean Malaquais, um die ungebetenen Gäste zu verjagen. Als Norman Mailer seinem Freund an der Haustür zu Hilfe kommen wollte, wurde er brutal mit einem Hammer niedergeschlagen und musste ins Krankenhaus gebracht werden.

Einen Neustart unter weniger widrigen Lebensumständen probten die Mailers in der Upper East

Side, wo sie eine Maisonettewohnung im vierten Stock eines schmalen Sandsteinhauses in der Fünfundzwanzigsten bezogen. Bis auf die Bücher ließen sie alles im Loft zurück und richteten sich auf Rat eines befreundeten Architekten mit modernen dänischen Möbeln ein. Komplettiert wurde das neue häusliche Glück mit Königspudel Tibor und der Pudeldame Zsa Zsa. »Nun, da wir eine anständige, ja sogar schicke Wohnung hatten wie die meisten unserer wohlhabenden Freunde, veranstalteten wir öfter Dinnerpartys [...] Ich kam kaum noch zum Malen, weil ich meine ganze Energie darauf verwendete, eine gute Gastgeberin zu sein.«

Auch ihre Hochzeit richteten sie 1954 zu Hause aus. Norman Mailers Schwester Barbara und ihr gemeinsamer Freund Tobias Schneebaum, ein homosexueller Maler, hatten alles organisiert. »Es gab Spezialitäten aus dem Nahen Osten, die nicht schwer im Magen lagen, und eine große Auswahl an alkoholischen Getränken, die von einem Barkeeper serviert wurden [...] Jimmy Baldwin brachte seinen Bruder David und ein paar Freunde aus Harlem mit ihren Bongos mit, eine interessante Untermalung für New Yorker Partygeplauder. Es war eine laute, aber keine lärmende Party«, erinnert sich die Braut in ihrer Autobiografie zufrieden. Geladen waren Maler, Schauspieler, Dichter und Theaterkritiker. »Kommt, feiert die Hochzeit der Mailers!«, hatte Tobias Schneemann auf die Einladung geschrieben, auf der ein beschnittener Penis zu sehen war, der sich auch auf der Innenseite der Karte fortsetzte. An ihrem Hochzeitsabend freute sich Adele Mailer über ein alles in allem gelungenes Fest. Sie genoss die ausgelassene Stimmung der Party mit allen Sinnen, die erotische Atmosphäre, den Geruch teurer Parfüms, die Bruchstücke der interessanten Gespräche über Kunst und Politik, dazwischen das leise Klirren der Eiswürfel. »Dieser Abend gehörte mir, und ich war glücklich, als ich mit Tobias' Machete meine Hochzeitstorte anschnitt.«

Erotische Eskapaden gehörten zu den geselligen Abenden genauso selbstverständlich wie die Oliven in die Martini-Cocktails, die Adele Mailer mit Vorliebe konsumierte. Amüsiert erinnert sich Mailer an die guten Küsse von Monty Clift, mit dem sie sich auf dem weißen Treppenläufer ihrer Wohnung vergnügte, während ihren Ehemann, eingehüllt in eine süßlich duftende Marihuanawolke, auf dem Wohnzimmerfußboden lag. Ein anderes Mal wurde der italienische Autor Alberto Moravia zudringlich, als Adele Mailer in der Küche das Roastbeef für ihre Dinnergäste aufschneiden wollte. »Ich verstehe deine Gefühle schon, aber mein Mann wartet auf sein Roastbeef, er wird immer so grantig, wenn er Hunger hat«, wimmelte sie dieses Mal entschieden ihren Verehrer ab, der daraufhin den ganzen Abend schmollte und kein Wort mehr über die Lippen brachte.

Ein wenig Ruhe kehrte bei den Mailers erst 1956 ein, als sich das erste Kind ankündigte und sie in ein großes weißes Haus im Kolonialstil in Bridgewater in Connecticut zogen. Adele malte, und Norman arbeitete gleichzeitig an »Der weiße Neger« und »Reklame für mich selber«. Beklagenswert war jedoch die ungewohnte Einsamkeit: »Die Wintermonate waren trostlos und nahmen kein Ende«, erinnert sich Adele Mailer. »Eine gewisse Abgeschiedenheit

S. 105: Eine Geschichte ohne Happy End: Adele Mailers Autobiografie »The Last Party«.

bringt das Landleben nun mal mit sich.« Für gelegentliche Abwechslung sorgten die Nachbarn. Arthur Miller und Marilyn Monroe wohnten nur wenige Kilometer entfernt in Roxbury. Doch als Adele Mailer ein distinguiertes älteres Ehepaar von nebenan zum Nachmittagstee einlud, stieß sie an ihre Grenzen als gute Gastgeberin. »[...] da ich kein silbernes Teeservice besaß, servierte ich dem Ehepaar Brooks den Tee in unpassenden Tassen und das Essen auf ebenso unpassendem Porzellan. Als ich diesen vornehmen Leuten die Mozzarella in Carrozza servierte, machten sie ein Gesicht, als hätte ich ihnen halbrohe Leber serviert.«

Zwei Jahre später, zurück im Village, packte die Mailers erneut das Partyfieber. Adele Mailer ließ ihren kleinen Garten mit Rollrasen auslegen und lud ihren Exliebhaber Jack Kerouac ein, um diesem mit ihrer schönen Wohnung zu imponieren. Der rastlose Star der Beat Generation zeigte sich jedoch wenig beeindruckt, sondern betrank sich so maßlos, dass er den ganzen Abend unter dem Esstisch lag. Auch auf Adele und Norman Mailer wirkte sich der ständige Alkoholkonsum negativ aus. In Gesellschaft war der Autor nicht mehr der charmante Galan mit den freundlich strahlend blauen Augen. Er wirkte gelangweilt, selbstgefällig, suchte Streit mit anderen, und auch im Umgang mit seiner Frau wurde er immer unberechenbarer und sogar gewalttätig. Regelmäßige Aufenthalte auf dem Land in Provincetown konnten die verfahrene Situation nicht entschärfen. Norman Mailer litt unter Schlaflosigkeit, nahm Schlafmittel und mixte Seconal mit Alkohol und Drogen. Immer mehr interessierte er sich für den Boxsport, über den er auch einen Film drehte. Wenn er berauscht war, zettelte er mit Fremden Prügeleien an. »Die chaotischen wüsten Szenen nahmen kein Ende, weder die, die Norman und ich uns zu Hause lieferten, noch die, die er außerhalb unserer vier Wände alleine inszenierte«, erinnert sich Adele Mailer traurig. Aber dennoch war Norman Mailer stets in der Lage, fantastische Artikel zu schreiben, wie jenen über John F. Kennedy im *Esquire*. Die leidenschaftliche Hassliebe des Boheme-Paares endete am 19. November 1960 tragisch auf jener letzten Party, auf die der Titel von Adele Mailers Buch anspielt. Norman Mailer hatte zu Ehren seines Boxerfreundes Roger Donoghue rund 200 Personen eingeladen mit dem Ziel, sich als Kandidat für das Bürgermeisteramt in New York zu positionieren. Nach dieser Riesenparty, bei der viel Alkohol floss, stach der betrunkene Autor seine Frau nieder und hätte sie wohl verbluten lassen, wenn nicht ein übrig gebliebener unbekannter Gast eine Ambulanz gerufen hätte. Adele Mailer rettete ihren Ehemann vor dem Gefängnis, indem sie vor der Polizei behauptete, sie sei in die Scherben einer Flasche gefallen. Nach der Entlassung aus dem Krankenhaus versuchte Adele Mailer, ihr altes Leben wieder aufzunehmen, lud zu Weihnachten Norman Mailers Familie ein, um den kleinen Töchtern eine Freude zu machen. Doch das längst fällige Ende dieser Beziehung sollte noch folgen: Grund war natürlich eine Party. Adele sollte ihren Mann zu einem Fest von Lillian Hellman begleiten. Als sie sagte, dass sie nicht ausgehen wolle, antwortete Norman Mailer: »Pech für dich. Warte nicht auf mich. Es kann spät werden.«

THE LAST PARTY
Scenes From My Life
With Norman Mailer
Adele Mailer

1960

die STIL-IKONEN

Die strenge Etikette des Weißen Hauses war für Jackie Kennedy noch lange kein Grund, ein steifes Fest zu feiern. Amerikas First Lady beherrschte die Kunst, im Rahmen perfekter gesellschaftlicher Umgangsformen ihre Gäste ausgelassen zu stimmen, genauso wie alle Damen in diesem Kapitel, die ihre exponierte Stellung mit sozialem Verantwortungsgefühl erfüllten. Jede für sich gilt als Stil-Ikone ihrer Zeit. Jackie Kennedy setzte vor allem in der Mode Akzente. Marie-Hélène de Rothschild veranstaltete opulente Kostümbälle zu prominenten Themen der Kulturgeschichte, wie Marcel Proust oder dem Surrealismus. Die Malerin Florine Stettheimer sorgte mit ihren selbst gestalteten, weißen Interieurs, in denen sie ihre Gemälde präsentierte, für Aufsehen, während Manni Wittgenstein in Fuschl stilsicher Understatement mit selbst gepflückten Wiesenblumensträußen zelebrierte.

MARIANNE FÜRSTIN ZU SAYN-WITTGENSTEIN

geb. 1919

»Im Laufe des Jahres habe ich natürlich viele neue interessante Menschen kennengelernt – vor allem im Ausland –, und wenn ich höre, sie kommen zu den Festspielen nach Salzburg, dann bekommen auch sie eine Einladung.«

Mit Lockenwicklern unter dem Kopftuch und Schürze kommandiere ich, kurz bevor die Gäste kommen, meine Familie herum: ›Die Tischdecke liegt schief!‹ – ›Hier fehlen noch Blumen!‹ Doch wenn die ersten Autos auf den Kiesweg rollen, sehe ich so entspannt aus, als wäre ich gerade nach einem kurzen Nickerchen erfrischt aus meinem Bett gestiegen.« Marianne zu Sayn-Wittgenstein kann herzlich über sich selbst lachen, und das ist nur eine von vielen herausragend guten Eigenschaften, die Freunde und Bekannte an ihr loben, wenn sie gefragt werden, warum sie so gerne den Einladungen der Fürstin nach Fuschl am See folgen. Herzlich, authentisch, großzügig, weltoffen, so wird sie immer wieder beschrieben. »Ich habe sogar den Eindruck«, scherzte die Präsidentin der Salzburger Festspiele, Helga Rabl-Stadler, 2009 bei einer Tischrede zu Ehren der Gastgeberin, »dass viele nur zu den Festspielen kommen, um einen Vorwand zu haben, bei ›Manni‹ zu ihren wunderbaren Mittagessen eingeladen zu werden.«

Seit Mitte der siebziger Jahre sind die Mittagessen, zu denen Marianne Fürstin zu Sayn-Wittgenstein während der Festspielzeit von Ende Juli bis Anfang September einlädt, eine gesellschaftliche Institution. In ihrem Garten amüsierten sich in den letzten vier Jahrzehnten nicht nur die Intendanten, Dirigenten, Musiker, Sänger, Schauspieler und Mäzene der von Hugo von Hofmannsthal und Max Reinhardt 1920 ins Leben gerufenen Festspiele sowie viele Freunde der Familie, sondern auch zahlreiche internationale Prominente. Leonard Bernstein, »Jedermann«-Schauspieler Curd Jürgens, Rennfahrerlegende Niki Lauda und Lilli Palmer genossen in den siebziger Jahren die ländliche Idylle und machten es sich, wenn es doch einmal regnete, im Salon des charmanten Forsthauses gemütlich. Es folgten Opernstars wie Hildegard Behrens und

S. 108: Marianne zu Sayn-Wittgenstein begrüßt mit Charme und Frohsinn ihre Gäste.
S. 111: Während der Salzburger Festspiele lädt die Fürstin Politiker, Wirtschaftsunternehmer, Künstler und Freunde zu einem legeren Mittagessen in ihren Garten ein.

Thomas Hampson, Dirigent Valery Gergiev, Hollywoodstars wie Steve Martin, Bob Wilson und Dennis Hopper sowie zahlreiche bedeutende Unternehmer, Finanzexperten und internationale Staatsoberhäupter. Die britische Premierministerin Margaret Thatcher sagte 1984 einer spontanen Einladung der Fürstin begeistert zu, weil sie bei ihr Sean Connery alias Mr Bond treffen wollte. »Ich komme auf einen Drink!«, antwortete Thatcher. Bei kühlen Getränken und herzhaften Speisen wurden auf der Terrasse des Forsthauses neue Kontakte hergestellt, Ideen ausgetauscht und Pläne geschmiedet. Marianne zu Sayn-Wittgenstein gehört zu den hervorragenden Netzwerkerinnen des 20. Jahrhunderts, auch wenn sie sich selbst nie mit diesem modernen Begriff benennen würde. »Ich wollte internationalen Besuchern und Künstlern zeigen, wie schön meine Heimat ist und dass man auch in einem kleinen Jagdhaus die ›Großen‹ dieser Welt glücklich machen kann. Gräfin Harriet Walderdorff, die in den fünfziger Jahren in ihrem Hotel Goldener Hirsch zur Festspielzeit Gäste empfing, war mein Vorbild, als ich mit den Einladungen begann«, resümiert Marianne zu Sayn-Wittgenstein den Beginn ihrer mittlerweile legendären Karriere als Gastgeberin für Salzburg.

Wie man Gäste empfängt, lernte sie in ihrem Elternhaus. Als Tochter von Baronin Maria Anna und Baron Friedrich Mayr-Melnhof wuchs sie gemeinsam mit ihren acht jüngeren Geschwistern auf Schloss Glanegg bei Salzburg auf. »Ich kann mich kaum an ein Essen erinnern, an dem keine Gäste da gewesen wären«, erinnert sie sich an ihre unbeschwerte Kindheit, abgesehen von den unangenehmen Strafen wie das Schweigegebot bei Tisch, die die strenge Erziehung von Gouvernanten mit sich brachten.

Zu den Stammgästen in ihrem Anwesen im Ellmau-Tal gehörten von Anfang an Gunter und Mirja Sachs, die sie in den sechziger Jahren in St. Moritz kennengelernt hatte. »Ich war zu dick und zu alt, um Gunters Model oder Girlfriend zu werden, aber genau richtig, um seine beste Freundin zu sein«, scherzt die Fürstin. Der strahlende Fotograf bereicherte mit seinen Anekdoten und schelmischen Einfällen jedes Jahr aufs Neue die Fuschler Runden. Einmal bestellte er die Fuschler Blaskapelle. Ein anderes Mal organisierte er einen großen Kühlschrank für seine Freundin, die er liebevoll »Förschtl« nannte, während sie ihn auf den Spitznamen »Lämpel« taufte. Als helfende Hand in der Küche sah man Gunter Sachs eher selten. Dafür waren andere zuständig, wie man auf den Fotos sieht, die die leidenschaftlich fotografierende Fürstin in den letzten Jahrzehnten von Gästen, Freunden und Familienangehörigen aufgenommen hat. Mit zehn Jahren hatte Marianne zu Sayn-Wittgenstein ihren ersten Fotoapparat bekommen und dokumentierte von da an jede interessante Begebenheit. Rund 300.000 Negative umfasst im Jahr 2012 ihr Archiv, aus dem Kunstgalerien immer wieder Aufnahmen für viel beachtete Ausstellungen wie »Smoke« auswählen. Auch die von ihr herausgegebenen Fotobücher, darunter »Sayn-Wittgenstein Collection« aus dem Jahr 2006, versammeln beeindruckende Dokumente aus acht Jahrzehnten Fotokunst und spiegeln ihren oft originellen Blick auf viele Protagonisten der deutschen

und internationalen High Society: Maria Callas schnorchelnd im Meer oder Aristoteles Onassis bei dem Versuch, seinen Strandwagen zu reparieren.

Marianne zu Sayn-Wittgenstein führte kein Leben einer Prinzessin auf der Erbse. Mitten im Zweiten Weltkrieg 1942 heiratete sie Prinz Ludwig zu Sayn-Wittgenstein, den sie in München bei ihrer Gastfamilie kennengelernt hatte, als sie dort für kurze Zeit an der Blocherer Schule studierte, während er als Offizier zwei Tage auf Fronturlaub war. Die Kriegsjahre verbrachte sie mit den beiden erstgeborenen Kindern Yvonne und Alexander bei ihren Eltern auf Schloss Glanegg, bevor sie 1946 mit ihrem heimgekehrten Ehemann die beschwerliche Reise in ihr neues Domizil, Schloss Sayn, antrat. Elf Tage reisten sie in einem Viehwaggon von Österreich ins Rheinland und fanden ein zerstörtes Schloss vor. Unterschlupf fanden sie erst einmal in der Abtei des Ortes, die von den Vorfahren ihres Gatten Ludwig im 13. Jahrhundert gegründet worden war. Mit dem Wiederaufbau der Schlossgärtnerei begannen sie ihr neues Leben. »Gärtnerei hatte ich in Glanegg ge-

gezückter Kamera begleitete sie ihren Ehemann und die gemeinsamen Freunde Paul von Metternich, Fritz Huschke von Hanstein und Wittigo von Einsiedel zu deren Autorennen auf dem Nürburgring und zu anderen Rennstrecken in ganz Europa. Nach dem Umzug der Familie im Jahr 1952 in das neue Landhaus »am Friedrichsberg« wurden auch wieder Feste gefeiert, zu denen nicht nur die Mitglieder der Familie, sondern auch viele neue Freunde eingeladen wurden, die Marianne und Ludwig zu Sayn-Wittgenstein in der nahe gelegenen neuen Bundeshauptstadt Bonn kennengelernt hatten. »Diplomaten wurden zu unseren engsten Freunden. Nach der Arbeit spritzten wir den Dreirad-Tempo-Lieferwagen sauber, zogen Smoking und Abendkleid an – und so fuhren wir nach Bonn, Fahrzeit etwa eine Stunde. Zunächst besuchten wir vor allem den österreichischen Botschafter, später waren wir Gäste auf vielen anderen Festen und Empfängen in der italienischen, spanischen, französischen, sehr oft auch türkischen und amerikanischen Botschaft.«

lernt, als schon in den ersten Kriegsjahren alle Gärtner an die Front mussten«, erinnerte sich Marianne zu Sayn-Wittgenstein in dem Ausstellungskatalog »SaynerZeit«, der ihre frühen Schwarz-Weiß-Fotografien versammelt. Aufnahmen von Reparaturarbeiten an den Gewächshäusern, der Kartoffelernte, den spielenden Kindern, von Karnevalsfesten und den ersten Automobilen der Familie illustrieren den allmählichen wirtschaftlichen Aufschwung und die neu erwachende Lebenslust nach den entbehrungsreichen Jahren 1946 bis 1948, in denen »wir, wie die meisten anderen auch, wirklich gehungert« haben, erinnert sich Marianne zu Sayn-Wittgenstein. Mit

Erst nach dem tragischen Unfalltod ihres Ehemannes im Jahr 1962 machte die Fürstin, die nun für fünf Kinder alleine die Verantwortung trug, ihre Passion für das Fotografieren auf den Rat ihrer guten

S. 112: Unbeschwert! Die Gastgeberin mit ihrem langjährigen Freund Gunter Sachs und dessen Frau Mirja.

Freundin Lilli Palmer hin zur Profession und fotografierte auch für Magazine. Da die »Mamarazza«, wie sie von Caroline von Monaco getauft wurde, mit vielen Prominenten, Prinzen und Prinzessinnen gut bekannt oder sogar befreundet war, kam sie näher an diese heran als andere Fotografen und schuf persönliche Porträts. »Ich habe meine Freunde stets als Freundin fotografiert«, so Marianne zu Sayn-Wittgenstein.

Bis zu ihrem 90. Geburtstag 2009 verschickte Marianne zu Sayn-Wittgenstein jedes Jahr im Frühsommer rund 400 Einladungen zu ihren sonntäglichen Mittagessen mit fünf Terminen zur Auswahl. Absagen hatte die erfahrene Gastgeberin in ihrem Notizbuch kaum zu verzeichnen, denn in der Agenda der internationalen High Society sind ihre Feste seit jeher etwas Einzigartiges. Im Forsthaus wird alles unter der Anleitung der stilsicheren Fürstin selbst gemacht – von den köstlichen Speisen bis hin zum Wiesenblumenschmuck auf den mit bunten Stoffen eingedeckten Tischen, an denen bis zu 100 Gäste Platz nehmen dürfen. Zu den Begrüßungsdrinks mit Holundersaft aus Eigenproduktion werden Kanapees serviert, die Haushälterin Burgi und ihr Team von Frauen aus dem Tal auf Silbertabletts arrangieren. Als Vorspeise gibt es marinierte Forelle oder Schafskäse mit krausem Salat. Zum Hauptgang sind Wildgulasch mit Spätzle oder Tafelspitz zur Tradition geworden und als Dessert Kuchen mit Johannisbeeren oder Pflaumenkuchen. »Prinz Charles, der ja schon alles auf dieser Welt gesehen hat, ist in seinen Dankesbrief auf jedes Detail eingegangen«, so begeistert war er von Marianne zu Sayn-Wittgensteins Qualitäten als Gastgeberin und ihrer persönlichen Leidenschaft, Gäste glücklich zu machen. »Die Sitzordnung ist ein wichtiger Bestandteil meiner Mittagessen, damit sich alle Gäste gut unterhalten und einen interessanten Gesprächspartner an ihrer Seite finden. Die Ehrengäste sitzen an meinem Tisch«, erklärt die Gastgeberin. Die anwesenden Kinder und Enkel unterstützen die Fürstin nicht nur bei den Vorbereitungen, sie haben den Vorsitz an den anderen Tafeln der Mittagsgesellschaften. Mittlerweile zählt Marianne zu Sayn-Wittgenstein 20 Enkel, 23 Urenkel und einen Ururenkel. »An meinem 90. Geburtstag habe ich in einem Zustand geistiger Umnachtung offiziell erklärt, dass ich keine großen Mittagessen mehr geben werde«, erinnert sich die vielfache Urgroßmutter. »Manni, wir machen ein Buch«, tröstete der jüngste Sohn Peter seine betrübte Mutter, die sofort Feuer fing für das Projekt. 2009 erschien das Erinnerungsalbum unter dem Titel »Mannifeste« mit wunderbaren Fotografien, die nicht nur an illustre Gäste und die Freunde der Gastgeberin erinnern, sondern auch die sorgfältigen Vorbereitungen zeigen vom Einkauf bis zum Garnieren der Teller in der Küche. Ihrem Entschluss – »keine Mittagessen mehr« – konnte die Fürstin nicht treu bleiben. Die Anfragen reißen nicht ab. Natürlich darf Plácido Domingo kommen, der sicher sein kann, dass seine langjährige Freundin ihm zu Ehren eine Runde interessanter Persönlichkeiten und Freunde in Fuschl zusammenbringen wird. Oft wird die Fürstin gefragt, woher sie ihre Energie nehme. Die Antwort liegt auf der Hand. Gäste zu empfangen ist ihr Lebenselixier!

MARIE-HÉLÈNE DE ROTHSCHILD

1927–1996

»Diejenigen, die kleingeistig sind, knauserig, engstirnig oder schüchtern, sollten das Unterhalten von Gästen anderen überlassen.«

Bevor sie ihre Gastgeberin endlich begrüßen durften, wurden die Ankommenden durch ein Labyrinth von verdunkelten Fluren geschleust. Wie Äste in einem Wald mussten sie schwarze Bänder zerteilen. Aus verschatteten Ecken tauchten Fackelträger mit Katzenmasken auf. Woher nur kamen die geflüsterten Zitate von Max Jacob und Francis Carco? Ein unsichtbarer Pianist spielte Melodien von Erik Satie. Der Weg war so weit und unheimlich, dass die Gäste aufatmeten, als sie endlich in den Tapisserieraum des Schlosses eintraten, in dem sie von Marie-Hélène de Rothschild und ihrem Gatten Guy de Rothschild empfangen wurden, die ihrerseits Mühe hatten, ihre bis zur Unkenntlichkeit maskierten Freunde zu identifizieren.

Zu den spektakulärsten Kostümbällen des 20. Jahrhunderts lud Baronin Marie-Hélène de Rotschild ein. Der Ball, den sie 1972 veranstaltete und dessen Begrüßungsritual den Gästen starke Nerven abverlangte, stand unter dem Motto »Têtes des Surréalistes« – »Surrealistische Köpfe«. Die Gäste hatten sich für ihre Kostüme von Motiven aus Gemälden von René Magritte, Max Ernst, Giorgio de Chirico, Francis Picabia und anderen berühmten Malern inspirieren lassen. »Denise Thyssen war die Frau mit den zwei Gesichtern, sie trug einen fabelhaft ähnlichen Kopf auf dem Kopf, und das blonde Haar beider Köpfe mischte sich miteinander: Man wusste effektiv nicht, welchem Gesicht man sich zuwenden sollte, und war verwirrt, wenn die Antwort nicht aus dem erwarteten Mund kam«, erinnert sich Guy de Rothschild in seinen Memoiren. Die Malerin Leonor Fini kam als Nachtvogel. Baron Alexis von Rosenberg-Rédé trug eine Maske mit Schubladen, voller Porträts von Marie-Hélène. Audrey Hepburn hatte ihren Kopf in einen Käfig gesteckt, zum Essen öffnete sie ein Türchen. Und als Ehrengast war Salvador Dalí angereist. 60 Gäste waren zum Dinner geladen. An

den Tischen stand an jedem Platz ein mit Pelz besetzter Teller als Reminiszenz an Meret Oppenheims berühmte Pelztasse aus dem Jahr 1936. Daneben ein kleines blaues Brot, ein Röhrchen zum Seifenblasen machen und die Menükarte, auf der jeder Gast eine andere fantasievolle Umschreibung der Speisenfolge lesen durfte. Die »patates tristes« hießen auch »pommes soufflées d'être là«. Als krönender Abschluss des Dinners wurde unter großem Beifall eine nackte Frau aus Zucker auf einem Bett aus Rosen von acht Männern in den Salon hereingetragen, die mit einem Hammer aufgeschlagen wurde, bevor die Gäste sie als Dessert verspeisten. Marie-Hélène de Rothschild hatte jedes Detail auf das surrealistische Motto abgestimmt und sich mit diesem Ereignis einen festen Platz in der Rangliste der schönsten Feste gesichert.

In den sechziger und siebziger Jahren gehörte die Gattin des französischen Bankiers Guy de Rothschild zu den bedeutendsten Gastgeberinnen auf der ganzen Welt. Da die Baronin unter Arthrose litt, engagierte sie sich für zahlreiche medizinische Institutionen wie das Institut Pasteur und organisierte viel beachtete Galas, um Spendengelder zu sammeln. Energisch, wie sie von Natur aus war, setzte sie die hohen Geldbeträge fest, die Mitglieder der High Society zu zahlen hatten. Sie liebte Feste aber auch »um ihrer selbst willen, als ein Atemholen im täglichen Dasein, ein Lächeln des Lebens, eine aus der Fantasie geborene Szene, in der sich Heiterkeit, Zauber und Traum miteinander mischen«, schrieb ihr Ehemann Guy de Rothschild mit poetischen Worten. Die Vorbereitungen für Soireen und Bälle nahmen Wochen in Anspruch. Die beim internationalen Jetset damals angesagten Inneneinrichter Valerian Rybar und Jean-François Daigre fungierten als Dekorateure und Berater für die Bälle. Marie-Hélène de Rothschild standen alle finanziellen Mittel zur Verfügung, um ihren Perfektionismus in Fragen der Ästhetik auszuleben. 1957 hatte die Tochter eines wohlhabenden niederländischen Diplomaten und einer Ägypterin in zweiter Ehe den Vorsitzenden der französischen Privatbank Rothschild geheiratet, der nicht nur auf Großindustrielle in aller Welt, sondern auch auf die französische Regierung Einfluss nahm. Sie

S. 114: Wie eine Königin der Nacht erschien Marie-Hélène de Rothschild mit Pierre Bergé auf einer Party im Pariser Nachtclub Le Palace, 1978.
S. 116: Kaum wiederzuerkennen: die Rothschilds auf ihrem »Têtes des Surréalistes«-Ball, Dezember 1972.

übernahm die Rolle an der Seite ihres Ehemannes wie eine First Lady mit Gespür für die Verantwortung gegenüber der berühmten jüdischen Bankiersfamilie. Unter ihrer Ägide wurde der ehemalige Familiensitz der französischen Linie, das Château de Ferrières, wieder instand gesetzt, das im Zweiten Weltkrieg von deutschen Soldaten besetzt und geplündert worden war. Der monumentale historistische Bau war im Auftrag von James de Rothschild nach einem Entwurf des in England durch den Bau des Kristallpalastes für die Weltausstellung von 1851 berühmt gewordenen Joseph Paxton zwischen 1853 und 1861 errichtet worden. Über seine architektonischen Qualitäten wurde unter Prominenten gestritten. Doch die wiederhergestellten Salons, die Marie-Hélène mit Antiquitäten und nach historischen Vorbildern gewebten Stoffen ausstattete, boten einen repräsentativen Rahmen für Empfänge und Bälle.

1971 gab Marie-Hélène einen Ball anlässlich des 100. Geburtstages von Marcel Proust. »Das Proust-Jahr drohte Grau in Grau dahinzugehen, sich zu erschöpfen in Vorträgen, Ausstellungen, Kolloquien [...] alles Dinge, die er verabscheut hat. Und Du hattest die einfach geniale Idee, ihm zu Ehren einen Ball zu geben«, schrieb einer der Gäste, Pierre de Ségur. Die Herren wurden gebeten, im Frack zu erscheinen, und die Damen, ihre Frisur mit Federn, Geschmeiden oder Blumen zu schmücken. Man kann davon ausgehen, dass die wenigsten der 500 Gäste »Auf der Suche nach der verlorenen Zeit« gelesen hatten. »Das Dumme ist«, so urteilte schon der Bruder des Autors, »dass man entweder todkrank sein oder sich ein Bein gebrochen haben muss, um Zeit für die Lektüre der Recherche zu finden.« Die Gastgeberin hatte im Vorfeld des Festes jemanden engagiert, der ihr alle Protagonisten des sieben Bände umfassenden Romans erklärte. Sie erschien als Prinzessin Guermantes, die Komponisten Francis Poulenc und George Auric kamen als Baron de Charlus. Ehrengäste wie Marisa Berenson, Charlotte Rampling, Jane Birkin und Serge Gainsbourg wurden von Starfotograf Cecil Beaton in Pose gesetzt und in Schwarz-Weiß porträtiert, ebenso Richard Burton und Liz Taylor.

Das kulturhistorisch bedeutendste Projekt für Frankreich, das Marie-Hélène de Rothschild in Angriff nahm, war der Kauf des von Louis Le Vau im 17. Jahrhundert erbauten Pariser Hôtel Lambert auf der Île Saint-Louis. »Fühlst du dich noch jung?«, leitete sie klug taktierend ihren Plan ein, Guy de Rothschild davon zu überzeugen, einen der schönsten Paläste der Seine-Metropole zu erwerben und als neue Familienresidenz für sie und ihre Söhne herzurichten. Die Innenräume waren von Charles Le Brun und Eustache Le Sueur kunstvoll ausgestattet worden. Hier hatte Voltaire gelebt und Chopin Klavier gespielt. Die unternehmerisch begabte Bankiersgattin führte die Kaufverhandlungen mit der polnischen Adelsfamilie Czartoryski, in deren Besitz sich das Hotel über ein Jahrhundert befunden hatte. Nach der Restaurierung inszenierte Marie-Hélène de Rothschild die von Guys Großvater Alphonse geerbte Gemäldesammlung in den prachtvollen Räumlichkeiten. Das Schloss Ferrières wurde verkauft und verfiel wieder in seinen Dornröschenschlaf. Den Rahmen für pompöse Feste bildete nun das Hôtel Lambert.

JACQUELINE KENNEDY

1929–1994

»Ich möchte das Weiße Haus zur ersten Adresse des Landes machen.«

Den größten Erfolg, den Jacqueline Kennedy als Gastgeberin des Weißen Hauses für sich verbuchen konnte, war das Dinner, das sie und John F. Kennedy zu Ehren von 49 noch lebenden Nobelpreisträgern der westlichen Welt am 29. April 1962 gaben. »Ich glaube, dass dies die außergewöhnlichste Ansammlung von Talent und menschlichem Wissen ist, die jemals im Weißen Haus zusammengekommen ist, mit einer Ausnahme vielleicht, als Thomas Jefferson hier allein zu Abend aß«, scherzte der Präsident in seiner Rede zu den anwesenden Honoratioren. Unter Trompetenfanfaren und den Klängen von »Hail to the Chief« war das Präsidentenpaar erschienen, um die Gäste zu begrüßen, darunter die Nobelpreisträger Pearl S. Buck, Rudolf Mößbauer, Alexis Léger sowie die Botschafter von Norwegen und Schweden. »Man sah Jack und Jackie wahrhaftig strahlen«, schwärmte der Schriftsteller William Styron, der sich unter den zahlreichen Wissenschaftlern und Intellektuellen befand, die ebenfalls eine Einladung zu diesem besonderen gesellschaftlichen Ereignis in Washington erhalten hatten. Bevor Jacqueline Kennedy im Januar 1961 als First Lady die Regie im Weißen Haus übernommen hatte, war der Amtssitz des amerikanischen Präsidenten wie eine Militärkaserne geführt worden. Mamie Eisenhower legte Wert auf Effizienz, Ordnung und Sparsamkeit. Auf die Verschönerung des Gebäudes war nicht mehr als nötig aufgewendet worden, und auf den Musikabenden der Eisenhowers wurden Tee, Punsch und belegte Brote serviert. »Damals war das Essen primitiv, die Weine waren minderwertig, und Rauchen durfte man nicht [...]«, erinnerte sich der Komponist Leonard Bernstein an die Eisenhower-Ära.

Jacqueline Kennedy, die ihre Kindheit in einem großzügigen Apartment an der Fifth Avenue in New York und einem prächtigen Anwesen in East Hamp-

S. 118: Jacqueline Kennedy mit Stil und Eleganz im Weißen Haus, 1962.
S. 121: Jackie Kennedy (links) auf einer Party zu Ehren ihrer Schwägerin Jean Kennedy (stehend), 1956.

ton auf Long Island verbracht hatte, verwandelte das Weiße Haus in einen kultivierten Haushalt, der zu einem Magnet für Politiker und Künstler wurde. Jackie, die auch in Fragen der Mode als Trendsetterin galt, bestellte Leinentischdecken, neue Gläser, elegante Blumenarrangements und ersetzte die hufeisenförmige Tafel im großen repräsentativen Speisesaal durch kleine runde Tische, an denen sich die Gäste viel besser miteinander unterhalten konnten. Das gesamte Gebäude unterzog sie einer umfassenden Umgestaltung, bei der ihr erst die berühmte amerikanische Dekorateurin Sister Parish, später auch Stéphane Boudin behilflich waren, dessen Wirken allerdings aufgrund seiner französischen Herkunft lange geheim gehalten wurde. Nach nur zwei Wochen hatte Jackie das für die Renovierung bestimmte Budget von 50.000 Dollar allein für die privaten Räume der Familie ausgegeben. »Keine Sorge! Wir finden schon einen Weg, um die richtigen Antiquitäten in dieses Haus zu bekommen«, versicherte sie ihrem Haushaltsvorstand Mr J. B. West, der seiner neuen Chefin genauso zu Füßen lag wie die gesamte amerikanische Bevölkerung, die sie aufgrund ihrer Schönheit, Intelligenz und modischen Eleganz als Star verehrte. Einblicke in ihr Privatleben vermied die gefeierte First Lady jedoch konsequent zum Schutz ihrer beiden Kinder Caroline und John, die im Weißen Haus eine möglichst »normale« Kindheit erleben sollten.

Jackie Kennedys erklärtes Ziel war es, das Weiße Haus zu einem kulturhistorisch bedeutenden Zeugnis der amerikanischen Geschichte zu machen. Für die Beschaffung von authentischen Möbeln aus der Zeit der Grundsteinlegung 1792 bis ins 19. Jahrhundert organisierte sie kurzerhand das »Fine Arts«-Komitee und appellierte an das Mäzenatentum der reichen Bürger. Der angesehenste Experte für amerikanische Antiquitäten, Henry du Pont, unterstützte ihr Projekt genauso wie die Milliardärinnen Bunny Mellon und Jayne Wrightsman. Bei der Jagd nach seltenen Stücken oder Gemälden ging die First Lady wie in allen Belangen des Lebens äußerst zielstrebig vor. »Meinen Sie, ein großer Bürger Philadelphias würde das Porträt eines anderen großen Bürgers von Philadelphia stiften?«, setzte sie den hilflosen Walter Annenberg unter Druck, dem Weißen Haus sein Benjamin-Franklin-Porträt im Wert von 250.000 Dollar ohne Gegenleistung zu überlassen. Da die Präsidentengattin es vermied, das Geld der Steuerzahler zu verwenden, wurden ihre Pläne als nationale Angelegenheit angesehen und nicht als Laune einer reichen Frau. »Nichts im Weißen Haus darf ohne einen Grund dort sein. Es wäre ein Sakrileg, dort einfach umzudekorieren – ein Wort, das ich hasse«, erläuterte sie ihre Restaurierungsmaßnahmen in einem *Life*-Interview.

Das i-Tüpfelchen ihres ehrgeizigen Projekts war die Publikation eines historischen Führers des Weißen Hauses für Besucher und Touristen, dessen Herstellung Jackie als ehemalige Journalistin von den Texten bis zum Layout höchstpersönlich überwachte. Das Buch wurde zum Erfolg, und die damit erzielten Einnahmen finanzierten in den folgenden Jahren den Erwerb von weiteren Kunstgegenständen und die offiziellen Porträts der Präsidenten und First Ladys. Schließlich präsentierte sie im Februar 1962

in einer Fernsehdokumentation, die sich 42 Millionen Amerikaner ansahen, die Ergebnisse ihrer Bemühungen.

Bei offiziellen Staatsdinners beeindruckte die First Lady die internationalen Gäste nicht nur mit atemberaubend schönen Kleidern, die ihr Oleg Cassini auf den Leib schneiderte, sondern auch mit ihren Sprachkenntnissen in Französisch und Spanisch und ihrer breiten kulturellen Bildung. Während ihres Studiums hatte sie ein Jahr in Paris verbracht und an der Sorbonne Vorlesungen in Kunstgeschichte und französischer Literatur belegt. Bei ihrem Staatsbesuch in Paris im Mai 1963 unterhielt sie sich mit Präsident Charles de Gaulle eloquent über Baudelaire und Voltaire. Ihre Liebe zur französischen Kultur kam auch den Gästen im Wei-

S. 122: Jacqueline Kennedy und ihr Couturier Oleg Cassini im Gespräch auf einer Kostümparty, um 1960.

ßen Haus zugute. Sie engagierte einen französischen Koch, der sich um die Menüfolge kümmerte. Auf ihren Wunsch spielten weltbekannte Musiker im Weißen Haus wie der berühmte Cellist Pablo Casals, der dort zuletzt 1904 gespielt hatte und sich sonst weigerte, in einem Land aufzutreten, das die spanische Diktatur anerkannte. Zu dem Abendessen, das die Kennedys für den Kulturminister von Frankreich, André Malraux, im Mai 1962 ausrichteten, waren unter anderen Tennessee Williams, Arthur Miller und der Maler Mark Rothko geladen. Kulturelle Höhepunkte wechselten sich ab mit informellen Abenden in Gesellschaft von Hollywoodstars. Einwände ihres Personals – »Das ist unmöglich« – gab es für die gut organisierte Hausherrin nicht. Das hatte sie bereits im Wahlkampf an der Seite ihres Mannes bewiesen. Unbedingt wollte sie ein festliches Abendessen zu Ehren des pakistanischen Präsidenten Ayub Khan im Garten des ehemaligen Landhauses des ersten Präsidenten George Washington veranstalten und ließ Geschirr, Gläser, Stromgeneratoren und alle Speisen mit Armeelastwagen nach Mount Vernon transportieren. Die Gäste näherten sich dem Anwesen im Kolonialstil in Booten über den Potomac-Fluss und wurden unter einem mit Girlanden und Bändern geschmückten blau-gelben Zelt mit Pfefferminzlikör und Orangensaft willkommen geheißen. Nach dem Essen spielte das National Symphony Orchestra, womit im Schein von Kerzen ein bezaubernder Abend zu Ende ging.

Das Einzige, was Jackie nicht kontrollieren konnte, waren die sexuellen Eskapaden ihres Gatten, die ihrer Ergebenheit gegenüber John F. Kennedy und ihren Aufgaben als First Lady jedoch keinen Abbruch taten. Wenige Monate nachdem ihr Sohn Patrick zwei Tage nach der Geburt gestorben war, begleitete sie John F. Kennedy nach Texas, um für die kommenden Wahlen Spendengelder und Wählerstimmen zu sammeln. Als der Präsident am 22. November 1963 in Dallas einem Attentat zum Opfer fiel, verloren die Amerikaner mit einem Schlag unwiederbringlich ihr Traumpaar. John F. Kennedy lebt als Politikerlegende weiter. Von Jackie Kennedys kulturhistorischer Pionierarbeit als Hausherrin und Gastgeberin im Weißen Haus profitierten alle folgenden First Ladys.

FLORINE STETTHEIMER

1871 – 1944

»Wir hatten viele Gäste«

Wenn wieder einmal ein Gemälde fertig war, stellte Florine Stettheimer es im Rahmen einer privaten Party ihren Freunden und Bekannten vor. Verkaufsausstellungen in Galerien lehnte die Malerin konsequent ab, seit ihrem ersten Versuch bei Knoedler in New York, bei der kein einziges Bild verkauft wurde. »Sold nothing«, notierte die Künstlerin, als die Einzelschau am 28. Oktober 1916 nach nur 13 Tagen endete. Kein Kunde hatte eines von ihren Porträts und farbenprächtigen Blumenstillleben kaufen wollen. Und das, obwohl sie die Inszenierung der Werke unter einem großen Baldachin selbst in die Hand genommen hatte, um die bestmögliche Wirkung zu erzielen. So einen Misserfolg wollte die sensible Künstlerin nicht noch einmal erleben. Also beschränkte sich Florine Stettheimer fortan auf Bildpräsentationen in ihrem Atelier und lud nur solche Menschen dazu ein, von denen sie ein gewisses ästhetisches und intellektuelles Verständnis für ihre Bilder erwarten konnte. Allein die Einrichtung ihrer Atelierräume im Beaux Arts Building in New York war absolut sehenswert. Eine exaltierte Mischung aus klassizistischen Säulen, Rokokostühlen, Fauteuils mit hellen Hussen und selbst entworfenen Möbeln in Weiß und Gold mit Bordüren und Fransenornamenten. Besondere Eyecatcher waren die üppigen Draperien aus Zellophanfolie, einem damals neuen Verpackungsmaterial, das von experimentierfreudigen Designern auch in der Mode und im Theater effektvoll eingesetzt wurde. Vom Hauptraum aus konnte man in das Boudoir der Künstlerin blicken, das ganz mit weißer Nottingham-Spitze dekoriert war – ein Jungmädchentraum, in dem sich die Künstlerin in ihrem Element fühlte. Auf die passende Präsentation ihrer Gemälde legte sie besonders großen Wert. Florine entwarf besondere Rahmen, die – ohne böswillig zu sein – an Tortenspitzen und Häkelbordüren erinnern. Künstler-

kollegen, Fotografen, Schauspieler und Kritiker gehörten zu dem Kreis, der sich bei der Enthüllung einer neuen Leinwand in den wechselnden Domizilen der Stettheimers in New York City oder auf dem Land einfinden durfte.

Genau wie die Guggenheims, Seligmans und Bernheimers, gehörte die Stettheimerfamilie zur jüdischen >Aristokratie< Amerikas. Florines Eltern, Rosetta Walter und Joseph Stettheimer stammten beide aus angesehen Bankiersfamilien und verfügten über ein großes Vermögen, das ein sorgenfreies Leben in Wohlstand ermöglichte, auch nachdem das Familienoberhaupt seine Frau nach der Geburt des fünften Kindes verlassen hatte. Vorrübergehend zog Rossetta Walter Stettheimer 1881 aus ihrer Heimatstadt Rochester weg zu Verwandten nach Deutschland, erst nach Stuttgart, später nach Berlin. 1890 ließ sich die Familie in New York nieder, verbrachte aber regelmäßig längere Zeit in Europa, in Deutschland, Italien und Frankreich.

Eine ernsthafte künstlerische Ausbildung begann Florine Stettheimer 1892 an der Art Students League in New York. Die prägendsten Eindrücke erhielt die Kunststudentin in den Jahren vor dem Ersten Weltkrieg in den damaligen Kunstzentren Europas. In München bewunderte sie die Alten Meister in der Alten Pinakothek, Ausstellungen in den Galerien Thannhauser und Heimann sowie die großen Kunst- und Kunstgewerbeschauen auf der Theresienhöhe. Florine mochte die Werke von Franz von Stuck, Lovis Corinth und Skulpturen von Hermann Hahn. In Paris rezipierte die Malerin vor allem die Gemälde der Fauves, insbesondere die von Henri Matisse, dessen Werke ab 1904 in vielen Ausstellungen zu sehen waren. Theater und Ballettaufführungen gehörten ebenfalls zum umfangreichen Kulturprogramm. Florine war so begeistert von den Bühnenbildern und Choreographien des Ballets Russes, dass sie selbst eine Vorlage für ein Ballett

S. 124: Florine Stettheimer ca. 1917–1920.
S. 126: Als begeisterte Anhängerin des Ballets Russes entwarf Florine Stettheimer selber Bühnenbilder samt Kostümen. Hier ein Entwurf von ca. 1912.

samt Bühnenbild und Kostümentwürfen entwickelte. Die Erfahrungen in Europa hatten großen Einfluss auf die Entwicklung ihres besonderen Malstils, der sich von allem unterschied, was ihre amerikanischen Zeitgenossen in den zwanziger Jahren probierten. In ihrer produktivsten Phase, ab 1915, strebte die damals Anfang vierzigjährige Künstlerin weder nach Vereinfachung noch nach Abstraktion. Im Gegenteil. Ihre Porträts, Stillleben und erzählenden Bilder sind detailverliebt und die Palette äußerst farbenfroh.

Männer spielten im Leben der Malerin eine eher untergeordnete Rolle. Mit Mutter Rosetta und ihren Schwestern Ettie und Carrie bildete Florine ein unzertrennliches Vierergespann. Als der Ausbruch des Ersten Weltkrieges abrupt einen Aufenthalt in der Schweiz beendete, kehrten die vier Frauen zurück nach New York und bezogen gemeinsam das Haus einer Tante. Sofort etablierten die vier »Stetties« einen regelmäßigen Salon, der gerade bei den aus Europa ausgewanderten Künstlern und Literaten zur gesellschaftlichen Institution avancierte. Leo Stein, Kritiker und Kunstsammler, genoss ihre Gastfreundschaft, während seine Schwester Gertrude Stein in Paris die Stellung hielt. Die Fotografen Edward Steichen und Baron Adolphe de Meyer kamen regelmäßig. Aus der Literaturszene gaben sich Carl van Vechten, Sherwood Anderson und die Feministin Edna Kenton ein Stelldichein. Und neben den Avantgardekünstlern Albert und Juliette Gleizes, Francis Picabia und Gaston und Isabelle Lachaise, war auch der experimentierfreudige Marcel Duchamp häufig anwesend. 1913 hatte er mit seinem Gemälde »Akt, eine Treppe herabsteigend Nr. 2« für einen größeren Aufruhr in der New Yorker Kunstszene gesorgt, indem er Elemente aus Kubismus und Futurismus freimütig vermischte, um eine Figur in Bewegung darzustellen. Ein Jahr später erklärte er einen einfachen Flaschenständer zum Kunstobjekt und legte mit seinen Ansichten die Grundlage zur modernen Konzeptkunst. Seine kritische Haltung zur »retinalen Kunst« – wie er die klassischen Kunstgattungen betitelte – hinderte Duchamp jedoch nicht an einer sehr engen Freundschaft zu Florine und der Wertschätzung ihres Œuvres. Duchamp war derjenige, der nach dem Tod der Malerin 1946 eine posthume Retrospektive im New Yorker Museum of Modern Art organisierte.

Bei den Stettheimer-Ladys waren Künstler jeder Couleur willkommen – der Fotograf Alfred Stieglitz genauso wie der polnische Bildhauer Elie Nadelman. »Es war ein einzigartiger Ort«, schwärmte Kritiker Paul Rosenfeld, »die Berühmtheiten der Kunst- und Literaturwelt ließen sich dort regelmäßig sehen.« Eine besonders enge Freundschaft verband Florine mit der Malerin Georgia O'Keeffe, mit der sie einen Briefwechsel pflegte.

Nicht bei jedem Treffen wurde ein neues Gemälde präsentiert. Man debattierte über Gott und die Welt, sprach über die neuesten Bücher, Theatervorstellungen und Modetrends, wie in anderen Salons auch. Die Atmosphäre war ausgelassen, aber entsprach durchaus der Etikette der Salons im 18. Jahrhundert. Traf man sich am Nachmittag zum Afternoon Tea, wurden üppige Torten, Tee und Madeira serviert. Elegante Abendessen eröffnete man mit Champagner oder Rum-Cocktails, bis die Prohibi-

S. 129: Florine Stettheimers Atelier im Beaux Arts Building in New York im Jahre 1944. Hier präsentierte sie ihre eigenen Gemälde.

tionsgesetze Alkohol verboten. Carrie Stettheimer, die häuslichste der drei Schwestern, arrangierte die Zusammenkünfte und organisierte extravagante Speisenfolgen. Ettie Stettheimer, die jüngste der Schwestern, Romanschriftstellerin mit Doktortitel der Uni Freiburg, lenkte die Gespräche: »Ich habe eine regelrechte Manie entwickelt, amüsiert werden zu wollen und andere zu amüsieren, vielleicht als Reaktion auf die schreckliche Kompliziertheit des Lebens [...]. Inzwischen bin ich eine ziemliche amüsante Person geworden.«

»Ich sage: Das ist Amerika und es hat was zum Lachen. Und ich würd sie gern malen, diese Sache.«

Florine übernahm den Part der stillen Beobachterin und hielt ihre Eindrücke auf der Leinwand fest, sodass wir uns heute ein lebendiges Bild der geselligen Treffen machen können. Ihr Gemälde »La Fête à Duchamp« erinnert in leuchtenden Farben an ein Fest, das die Stettheimer-Schwestern zu Ehren ihres französischen Freundes in einem ihrer gemieteten Landhäuser gaben. Die Partygesellschaft hat sich im Garten versammelt und die Szenerie ist in goldenes Abendlicht getaucht. Wie in manchen berühmten Renaissancegemälden, stellte Florine Stettheimer zeitlich eigentlich aufeinanderfolgende Momente der Party nebeneinander dar: Links oben kommen Marcel Duchamp und Francis Picabia mit einem roten Cabriolet an. Vorne im Bild betreten die Männer den Garten durch einen mit Blumen bewachsenen Spalierbogen und schließlich sieht man die beiden Künstlerfreunde unter den Partygästen. Auf der Grundlage ausführlicher Tagebuchaufzeichnungen der Stettheimer-Schwestern, lässt sich das Bildpersonal des Gemäldes sehr zuverlässig identifizieren. Auf einer Schaukel mit Baldachin sitzt die Schauspielerin Fania Marinoff. Ettie Stettheimer lehnt am Fuße eines Baumes, flankiert von Leo Stein. Carrie, im Mittelgrund, serviert dem Marquis de Buenavista Tee und Florine stellt sich selbst im Gespräch mit Albert Gleizes dar. Im Hintergrund erscheinen alle Personen noch einmal – versammelt an einer langen Tafel unter einer Kette bunter Lampions. Ein gelungener Abend, wie es scheint, bei dem die Stettheimer-Schwestern, alle drei in weißen Kleidern dargestellt, angeregt plaudernd die Gesellschaft Gleichgesinnter genießen.

Feste und der Freundeskreis dienten Florine Stettheimer als Inspirationsquelle. So formulierte sie es selbst in einem ihrer Gedichte: »*Unsere Partys/ Unsere Picknicks/ Unsere Festessen/ Unsere Freunde/ Haben endlich ihre Berechtigung/ Seh ich sie in Farbe und Form/ Amüsiert es mich/ Sie zu beleben/ Sie als Bilder wiederzugeben*«

Ebenso wie Florine, zog der Fotograf und Autor Carl van Vechten Inspiration aus den vielen Festen, die er als notorischer Partygänger in den zwanziger

Jahren besuchte. 1926 veröffentlichte er den Roman »Nigger Heaven«, vier Jahre später »Parties«, eine exzessive Geschichte, in der ein Schwarzbrenner, eine lustige deutsche Gräfin, ein Hüne namens Siegfried, und David und Rilda Westlake, die unverkennbar nach dem Vorbild von F. Scott Fitzgerald und seiner Frau Zelda beschrieben wurden, von Cocktailparty zu Cocktailparty taumeln. Sie betrinken sich (bevorzugt mit Highballs), ziehen weiter, verlieben sich, und enden stets in Harlems Flüsterkneipen. Nachdenken würde da nur Depressionen auslösen (»Trank sie, weil er trank, oder trank er, weil sie trank?«) und führt im Übrigen nicht weit, »wenn man sich nicht einmal erinnern kann, wo und mit wem man die letzte Nacht verbracht hat«, resümiert einer der Protagonisten des Romans.

Feiern als Selbstzweck wäre der ernsthaften Künstlerin nicht genug gewesen. Florine malte klassische Sujets wie Blumenstillleben, prägnante Porträts von Freunden und Familienmitgliedern. Sie beschäftigte sich aber auch als eine der wenigen amerikanischen Malerinnen ihrer Zeit mit aktuellen Themen, wie den neuen Bilderwelten der Filme, den ersten Schönheitswettbewerben, der zunehmenden Lust auf Shopping, dem Wachstum der Wallstreet und sie kommentierte ironisch mit ihrer großen Leinwand »Cathedral of Arts« die New Yorker Kunstszene. Durch ihre Erfahrungen in Europa blickte sie mit einem gewissen Abstand auf typische Phänomene in der New Yorker Gesellschaft der zwanziger Jahre. In ihrem Bild »Spring Sale at Bendel's« aus dem Jahr 1921 wird das schon damals legendäre Modegeschäft an der Fifth Avenue zum Set einer grandios übersteigerten Szene, in der völlig entfesselte Damen hüpfend, drängelnd und zerrend nach Kleidern zu Schnäppchenpreisen jagen.

Ihr gesamtes Künstlerleben wechselte Florine ungezwungen zwischen Malerei, Möbeldesign, Bühnenbild- und Kostümentwürfen und Dichtung. Daran ließ sie zu Lebzeiten vor allem ihre Freunde teilhaben, die sie in ihrem Atelier oder in der Wohnung der Stettheimers besuchten. Wiederentdeckt wurde sie erst im Jahr 2014 mit einer großen Ausstellung im Lenbachhaus München.

Literatur

Albrecht, Donald: »The High Style of Dorothy Draper«, New York 1988.

Althaus, Karin, Mühling, Matthias und Böller, Susanne (Hg.): »Florine Stettheimer«, München 2014.

Benaïm, Laurence: »Marie-Laure de Noailles. La vicomtesse du bizarre«, Paris 2001.

de Botton, Alain: »Wie Proust Ihr Leben verändern kann. Eine Anleitung«, Frankfurt am Main 2000.

Bradford, Sarah: »Jackie Kennedy Onassis. Ein leidenschaftliches Leben«, Frankfurt am Main 2000.

Cooper, Diana: »Die Memoiren der Lady Diana Cooper«, Frankfurt am Main 1962.

Coudert, Thierry: »Café Society«, Paris 2010.

Daufresne, Jean-Claude: »Fêtes à Paris au XXe siècle: architectures éphémèmeres de 1919 à 1989«, Sprimont 2001.

Draper, Dorothy: »Entertaining Is Fun! How to Be a Popular Hostess«, New York 1941.

Fales, Winnifred/Northend, Mary H.: »The Party Book«, Boston 1921.

Fielding, Daphne: »Those Remarkable Cunards. Emerald and Nancy«, New York 1968.

Foulkes, Nicholas: »Bals. Legendary Costume Balls of the Twentieth Century«, New York 2011.

Gassert, Philipp/Mauch, Christof (Hg.): »Mrs. President. Von Martha Washington bis Hillary Clinton«, Stuttgart/München 2000.

Gottschalk, Maren: »Die Farben meiner Seele. Die Lebensgeschichte der Frida Kahlo«, Weinheim/Basel 2009.

Immordino Vreeland, Lisa: »Diana Vreeland«, in: *Harper's Bazaar*, September 2009.

Karl, Michaela: »›Noch ein Martini und ich lieg unterm Gastgeber.‹ Dorothy Draper. Eine Biografie«, Salzburg 2011.

Lawson, Kirsten: »Culinary Surrealist«, in: *The Age*, 19. Juni 2007.

Lord, James: »Außergewöhnliche Frauen. Sechs Porträts«, Frankfurt am Main 1999.

Mailer, Adele: »Die letzte Party. Mein Leben mit Norman Mailer«, München 1997.

Masters, Brain: »Great Hostesses«, London 1982.

Maxwell, Elsa: »How to Do It! Or the Lively Art of Entertaining«, New York 2005.

Maxwell, Elsa: »Mein verrücktes Leben«. Aufgezeichnet von Bernd Ruland, Zürich 1964.

Penrose, Antony: »Das Haus der Surrealisten. Der Freundeskreis um Lee Miller und Roland Penrose«, Berlin 2004.

Penrose, Antony: »The Lives of Lee Miller«, London 1999.

Petkanas, Christopher: »The Hostess With the Mostest«, in: *The New York Times*, 9. November 2008.

Rafferty, Diane: »The Lady in Red«, in: *The New York Times*, 15. Dezember 2002.

Rivera, Guadalupe/Colle, Marie-Pierre: »Mexikanische Feste. Die Fiestas der Frida Kahlo. Mit 145 Rezepten«, München 1998.

de Rothschild, Guy: »Geld ist nicht alles«, Hamburg 1984.

Ryersson, Scot D./Yaccarino, Michael Orlando: »Die göttliche Marchesa. Leben und Legende der Luisa Casati«, München 2009.

zu Sayn-Wittgenstein, Marianne Fürstin: »Mannifeste. Fuschler Mittagessen 1974–2009«, Salzburg 2010.

zu Sayn-Wittgenstein, Marianne Fürstin: »SaynerZeit 1941–1961«, Salzburg 2005.

Schulte, Michael: »Berta Zuckerkandl. Saloniere, Journalistin, Geheimdiplomatin«, Zürich 2006.

Skirvin Mesta, Perle: »My Story«, New York 1960.

Smith, Jane S.: »Elsie de Wolfe. A Life in the High Style. The Elegant Life and Remarkable Career of Elsie de Wolfe, Lady Mendl«, New Jersey 1982.

Souhami, Diana: »Gertrude und Alice. Gertrude Stein und Alice B. Toklas. Zwei Leben – eine Biographie«, München 1994.

Stein-Hölkeskamp, Elke: »Das Römische Gastmahl. Eine Kulturgeschichte«, München 2005.

Toklas, Alice B.: »Kochen für Gertrude Stein. Rezepte und Geschichten«, Frankfurt am Main 1999.

van Vechten, Carl: »Parties«, Zürich 2010.

Varney, Carleton: »The Draper Touch. The High Life & High Style of Dorothy Draper«, New York 1988.

Vreeland, Diana: »Allure. Der Roman meines Lebens«, München 2011.

Weiss Adamson, Melitta (Hg.): »Entertaining from the Ancient Rome to the Super Bowl: An Encyclopedia«, 2 Bde., Westport 2008.

Weiss, Andrea: »Paris war eine Frau. Die Frauen von der Left Bank. Djuna Barnes, Janet Flanner, Gertrude Stein & Co.«, Hamburg 2006.

de Wolfe, Elsie: »After All«, London 1935.

de Wolfe, Elsie: »Recipes for Successful Dining«, London/Toronto 1934.

Ziegler, Philip: »Diana Cooper«, London 1981.

BILDNACHWEIS

Umschlaggestaltung:
vorne: Kuni Taguchi unter Verwendung einer Fotografie von Jacqueline Kennedy/Orlando Suero/Max G. Lowenherz Collection of Kennedy Photographs at the Peabody Institute of the Johns Hopkins University, Baltimore
hinten (im Uhrzeigersinn): Album/akg-images, Rue des Archives/AGIP/Süddeutsche Zeitung Photo, picture alliance / Globe-ZUMA, Gunter Sachs

S. 1 ullstein bild/ullstein bild
S. 4 Time & Life Pictures/Getty Images
S. 6 © Gunter Sachs
S. 10/11 Time & Life Pictures/Getty Images
S. 12/13 Gamma-Keystone via Getty Images
S. 14 Time & Life Pictures/Getty Images
S. 16 Interfoto/Imagno
S. 20 Bettmann/Corbis
S. 23 Time & Life Pictures/Getty Images
S. 24 Elsie de Wolfe: »Recipes for Successful Dining«, William Heinemann, London/Toronto 1934
S. 26 Getty Images
S. 29 Interfoto/2005 Topham Picturepoint
S. 30 Süddeutsche Zeitung Photo/Rue des Archives/RDA
S. 32 Christie's Images/Artothek
S. 33 Yale Collection of American Literature, Beinecke Rare Book and Manuscript Library
S. 36 Süddeutsche Zeitung Photo/Rue des Archives/PVDE
S. 39 Vicomte Charles de Noailles/The Kobal Collection
S. 40 Rue des Archives/AGIP/Süddeutsche Zeitung Photo
S. 42 Time & Life Pictures/Getty Images
S. 44 picture alliance/Everett Collection
S. 48 u. S. 51 Image of the Marchesa Casati © Ryersson & Yaccarino/The Casati Archives/www.marchesacasati.com
S. 54 Bridgeman Berlin/Christie's Images
S. 56 Interfoto/Alba
S. 60/61 picture-alliance/picture-alliance/dpa
S. 62 Süddeutsche Zeitung Photo/SZ Photo
S. 64 © Sotheby's, the Cecil Beaton Studio Archive
S. 67 WireImage/Getty Images
S. 68 Getty Images
S. 70 UPI/Süddeutsche Zeitung Photo
S. 72 Mondadori/Getty Images
S. 74 Rue des Archives/AGIP/Süddeutsche Zeitung Photo
S. 76 u. S. 79 (li) Archives of Dorothy Draper & Company and Carleton Varney
S. 79 (re) *House & Garden*, Condé Nast Publications
S. 80 Archives of Dorothy Draper & Company and Carleton Varney
S. 82 Rue des Archives/PVDE/Süddeutsche Zeitung Photo
S. 85 Rue des Archives/AGIP/Süddeutsche Zeitung Photo
S. 86 u. S. 89 Album/akg-images
S. 90 picture alliance/Arco Images
S. 91 Gisèle Freund/Photo Researchers
S. 94 Condé Nast Archive/Corbis
S. 97 Lee Miller Archives, England 2012. All rights reserved
S. 98 u. S. 99 © The Artists Estate. Courtesy of the Lee Miller Archives. All rights reserved
S. 100 picture-alliance/dpa
S. 105 Barricade Books, New York 1997
S. 106 Bettmann/Corbis
S. 108–112 © Marianne Fürstin zu Sayn-Wittgenstein
S. 114 Getty Images
S. 116 Privatsammlung
S. 118 u. S. 121 Bettmann/Corbis
S. 122 Getty Images
S. 124 The Estate of Joseph Solomon
S. 126 The Estate of Joseph Solomon
S. 129 The Estate of Joseph Solomon
S. 130/131 Gamma-Keystone/Getty Images

Register